1781

Tratschke fragt: Wer war's?

Geschichtsrätsel mit ihren Antworten

aus der ZEIT

Hoffmann und Campe

Erste Folge

5. Auflage, 26. bis 30. Tausend 1974

Gestaltung Robert Karow unter Verwendung
eines Motives von Paul Flora
Satz Poeschel & Schulz-Schomburgk, Eschwege
Druck und Bindung Butzon & Bercker, Kevelaer
ISBN 3-455-07733-1. Printed in Germany

Vorwort

Männer machen Geschichte, sagte Treitschke. Er meinte natürlich nicht irgendwelche Männer, sondern die Großen, die Starken, die Helden. Und die Helden wurden zu Denkmälern und für Generationen zu Vorbildern. Aber nachdem man sie, in Marmor gehauen oder in Bronze gegossen, auf hohe Sockel gestellt hatte, für alle weithin sichtbar, vergaß man, daß auch die Helden nichts anderes als Menschen gewesen waren. Auch die Weltberühmten hatten ihre großen und kleinen Sorgen, ihre alltäglichen Probleme und Ärgernisse, ihre Ängste vor Krankheit und Tod, hatten ihre Nucken und Eitelkeiten. Daran zu erinnern, ist der Sinn von Tratschkes Geschichtsrätseln, die zunächst in der ZEIT erschienen.

Dabei werden keineswegs »Enthüllungen« gemacht, und niemandem wird »die Maske vom Gesicht gerissen«. Es wird nur aus dem Leben der Weltberühmten über alltägliche, menschliche Dinge berichtet. Etwa wie einer beim Essen nie maßhalten konnte und ein anderer nicht dulden wollte, daß in seiner Gegenwart geraucht wurde. Oder wie einer, der als junger Mensch gegen die Gewalt der Mächtigen und Reichen auf die Barrikaden ging, sich bald etablierte und dann ein Vermögen für seidene Rüschen und Schleifen ausgab. Oder wie einer, dem das Nichts Vollendung schien, so große Furcht vor Dieben hatte, daß er nie unbewaffnet schlief. Und wie einer, der die Welt mutig auf den Kopf stellen wollte, gegenüber Frauen von maßloser Schüchternheit war.

Es werden nicht etwa Anekdoten erzählt, sondern wirkliche Begebenheiten, Verhaltensweisen, Charakterzüge, die die Großen einmal so zeigen, wie man sie gemeinhin nicht kennt. So soll an die Stelle einer heroisierenden, pathetischen, letztlich unwahren Geschichtsbetrachtung eine schlicht menschliche und deswegen erträglichere und gültigere gesetzt werden. »Unglücklich das Land, das Helden nötig hat«, ließ Bert Brecht seinen Galilei sagen.

Die Antworten auf Tratschkes 25 Fragen findet man, indem man das Buch umdreht.

Wer war's?

1 *Eine Mischung von Heros und Heulhuber*

Acht Tage lang fügte er sich den Diätvorschriften des Arztes, was zu einer merklichen Besserung seines Befindens führte. Dann packte den 68jährigen der Heißhunger; er aß gut und viel zu reichlich, trank hernach vier Gläser Buttermilch und darauf Kognac. Wenige Stunden später meinte er sterben zu müssen; er hatte höllische Magenschmerzen und mußte sich mehrmals erbrechen. Der herbeigerufene Arzt prophezeite ihm ein übles Ende, wenn Magen und Darm weiterhin so sehr überladen würden.
Eine Zeugin jenes Vorfalls notierte in ihr Tagebuch: »Es ist ein rechtes Elend mit dem großen Manne und tieftraurig zu sehen, wie klein und schwach er ist, wenn es heißt, den eigenen Willen brechen.«
Diät, ja auch nur Maß zu halten beim Essen, das hat er nie fertig gebracht. Er wollte es auch gar nicht, zeigte sich jedoch, wenn die Unvernunft sich rächte, von größter Wehleidigkeit, und dann fürchteten er und seine Frau oft das Schlimmste. Einmal wurden mitten in der Nacht zwei Ärzte zu ihm gerufen, weil man befürchtete, er habe einen Schlaganfall erlitten. In Wahrheit hatte er sich wieder einmal den Magen überladen: acht harte Eier und eine Riesenportion Eis hatte er am Abend zuvor gegessen.

Obgleich er organisch kerngesund war, klagte er fast ständig über irgendein »Unwohlsein«, das ihm bereits das Ende anzukündigen schien. Als den 31-jährigen ein Husten plagte, meinte er – trotz blühenden Aussehens – die Schwindsucht zu haben. 25 Jahre später schrieb er: »Mein Öl ist verbraucht! Ich kann nicht mehr«, lebte dann aber noch länger als ein Vierteljahrhundert mit seinen Magenbeschwerden aller Art, mit Bronchialasthma, Ekzemen, Gesichtsneuralgien. Wohl gut die Hälfte seiner Lebenstage mag dieser äußerst robust wirkende Mann in körperlich oder seelisch schlechter Verfassung zugebracht haben.
Seine zahlreichen Krankheiten, von vielen zu Unrecht als Einbildungen abgetan, waren Ausdruck jener starken Belastungen, die ihm sein Amt brachte. Zwar war er sehr mächtig, über lange Zeit der Mächtigste seines Landes, aber doch nie ganz unabhängig. Und da er einen unbändigen Freiheitsdrang hatte, erschien ihm jede Bindung, jede Spur von Abhängigkeit als kaum erträgliche Belastung, ja als persönliche Beleidigung. Wenn etwas nicht nach seinem Willen ging, wurde er krank. Oder er nahm Urlaub, manchmal mehrere Monate im Jahr.
Immer verlangte er, daß alle sich nach ihm und seinen Gewohnheiten richteten. Nie kam er vor elf Uhr morgens aus dem Bett, oft stand er erst gegen zwei

Uhr nachmittags auf, dabei unentwegt klagend, daß niemand auf ihn Rücksicht nehme. Leute, die zu normalen Zeiten aufstanden, zählte er zu den Bürokraten und Professoren, die er zeitlebens nicht ausstehen konnte, obgleich – oder gerade weil – seine Mutter aus deren Welt stammte.

Aber nicht nur Professoren und Bürokraten mochte er nicht, er hat alle Menschen gering geschätzt – ausgenommen nur sich selber und seine Frau. Sie war in der Brautzeit seine »schwarze Katze« gewesen, im Alter jedoch zeigte sie Züge von Aggressivität, etwa wenn sie vor Gästen seine verstorbene Mutter eine »nichtswürdige Kreatur« nannte, von der sie hoffe, daß sie im Jenseits »gebührend gepeinigt« werde. Ansonsten war sie recht fromm und immer bereit, ihn in seiner Wehleidigkeit zu unterstützen; er war ihr »armes krankes Huhn«. Und es kam vor, daß sie im Kreise von Gästen einen ganzen Abend hinter seinem Stuhl stand und ihm, weil er heftiges Kopfweh hatte, eine Zitrone auf den kahlen Schädel drückte. Sie wußte, wie empfindlich er war, wie sensibel und daß er manchmal sogar Weinkrämpfe bekam. Eine »Mischung von Heros und Heulhuber« nannte ihn ein zeitgenössischer Dichter.

Mit 16 hatte er sich entschieden, nicht mehr zu beten, erfuhr aber einige Jahre später eine Art reli-

giöser Wende und fühlte sich schließlich – nach einem mißglückten Attentat auf ihn – als Werkzeug der Vorsehung.
Dennoch blieb eine seltsame Unsicherheit; sie zeigte sich in seinem abergläubischen Verhalten. Absolut unerwünscht waren in seinem Hause, zumindest an Geburts- und ähnlichen Festtagen, Gäste in Trauerkleidung. Ängstlich wurde die Dreizehn gemieden. Und einen Sommer lang war er tief betrübt, weil die Kaiserkronen in seinem Garten ohne Knospen blieben; bekümmert sahen er und seine Frau darin ein böses Vorzeichen.
Zu jener Zeit hatte er es bereits zum vielfachen Millionär gebracht, bezeichnete sich aber dennoch gern als arm. Wenn es um Geld ging – er besaß Güter mit großen Wäldern, Papierfabriken, mehrere Brennereien –, paßte er peinlich genau auf, auch bei sehr kleinen Beträgen. Als die Schülerzahl in jenem Dorf, bei dem er wohnte, die Hundert überstieg und der Landrat – weil nach Gesetz die Schülerzahl je Dorfschullehrer höchstens achtzig betragen durfte – einen zweiten Lehrer anstellen wollte, hat er das verhindert; er fürchtete, durch einen zweiten Lehrer steuerlich belastet zu werden.
Steuern zahlte er nur höchst ungern. Den Steuerbemessungswert einer seiner bedeutendsten Besitzungen drückte er auf eine Million, obgleich er das

Drei- bis Vierfache betrug. Dabei muß man bedenken, daß er durch einen Geheimerlaß von den allgemeinen Staatssteuern, die sonst jeder zahlen mußte, befreit war.

»Im Dienste des Vaterlandes verzehre ich mich«, schrieb der Mittsechziger. Als junger Mann hatte er ein anderes Lebensmotto genannt, dem er bis ans Ende treu blieb: »Ich will Musik machen, wie ich sie für gut erkenne, oder keine.«

Wer war's?

2 *Da bedeckte sie ihren Busen mit Perlen*

Als sie auf die Welt kam, meldete man ihrem Vater versehentlich die Geburt eines Sohnes. Ein Sohn war sehnlichst erwartet worden. Und der Vater entschied sich, seine Tochter, die sein einziges Kind blieb, wie einen Jungen erziehen zu lassen. Außer Tugend und Bescheidenheit sollte man ihr »keinerlei weibliche Vorstellungen« angewöhnen.

Ob es nun wirklich an der Erziehung lag – die Tochter konnte bald fließend Latein und mehrere andere Sprachen, wußte in Literatur und Geschichte der Alten gut Bescheid, auch in den Naturwissenschaften, wobei ihr kritischer Verstand immer alles in Frage stellte, und vor allem war sie auch im Sport gut, eine hervorragende Reiterin – jedenfalls machte sie, von ihrer Leidenschaft fürs Tanzen abgesehen, bald auf alle einen ausgesprochen männlichen Eindruck. Betont wurde das durch ihre Vorliebe für Männerkleidung. Später, als sie nach Frankreich kam, gab ein französischer Herzog von ihr diese Beschreibung:

»Sie ist nicht groß, hat aber eine gute Figur und ein kräftiges Hinterteil, schöne Arme und weiße Hände, die aber eher einem Mann als einer Frau zu gehören scheinen. Die eine Schulter ist höher als die andere, doch verbirgt sie diesen Schaden so gut durch ihre bizarre Kleidung, in Gang und Bewegung, daß man darum wetten könnte, ob es ihn gibt oder nicht ... Das Gesicht ist hübsch geformt, aber von einer unmöglichen Frisur umgeben. Sie trägt eine schwere, vorn geschichtete Männerperücke, die seitlich dick herabhängt und hübsch ausläuft; oben auf dem Kopf trägt sie eine Unmenge Haar, und nur nach hinten sieht es ein wenig nach einer Weibsfrisur aus. Zuweilen trägt sie einen Hut. Ihr Mieder, das hinten kreuzweise geschnürt ist, gleicht etwa einem Wams; zwischen ihm und dem Rock, den sie schlecht befestigt und nicht sehr ordentlich trägt, sieht rundherum das Hemd hervor. Sie ... trägt so gut wie nie Handschuhe. An den Füßen hat sie Männerschuhe, und auch ihre Stimme und fast alles, was sie tut, ist männlich ... Sie ist wirklich ein ganz außergewöhnliches Weibsstück.«

Zu dieser Meinung kam auch eine Dame des französischen Hofes, die sie während einer Theateraufführung sah:

»Sie fluchte, lümmelte sich in ihrem Sessel, streckte ihre langen Beine hierhin und dahin, hängte sie über die Lehne des Sessels. Außer Trivelin und Jodelet, den italienischen und französischen Clowns, habe ich nie zuvor jemand in solcher Haltung gesehen ... Sie versank in einen Traumzustand, stieß tiefe Seufzer aus und raffte sich dann plötzlich wieder zusammen, wie jemand, der mit einem Ruck erwacht.«

Zu jener Zeit war sie 30 Jahre alt und stand gerade in einem sehr dramatischen Abschnitt ihres Lebens, weswegen ganz Europa jeden ihrer Schritte registrierte. Man beobachtete sie nicht nur aus Neugier, sondern weil sie, nachdem sie teils aus religiöser Überzeugung und einem unbändigen Freiheitsdrang auf Erbe und Heimat verzichtet hatte, weltbewegende Pläne schmiedete. »Ich liebe den Sturm und hasse den Frieden«, schrieb sie und hielt mit ihren oft intriganten Einfällen Könige, Kaiser und Päpste jahrelang in Atem.

Bei aller Unberechenbarkeit war diese agile Frau in grundsätzlichen Meinungen unerschütterlich. So in ihrem Entschluß, nicht zu heiraten. »Die Ehe ist das beste Heilmittel gegen die Liebe und das Ehebett ihr Grab«, sagte sie. Manche hielten sie allen Ernstes für einen Hermaphroditen, andere für lesbisch, wieder andere für »die größte Hure auf der ganzen Welt«. Ihr machten solche Verdächtigungen nichts – im Gegenteil, sie hatte Spaß daran, die Menschen zu schockieren. Eine Freundin stellte sie ganz einfach als ihre »Bettgenossin« vor. Und während sie sonst so gerne Männerkleidung trug, empfing sie Kardinäle in tief dekolletierten Kleidern, und es war be-

zeichnend für ihren Widerspruchsgeist, daß sie, als sie deswegen einen päpstlichen Verweis erhielt, ihren Busen lediglich mit Perlen bedeckte. »Eine als Barbarin geborene Frau, die barbarisch erzogen wurde und in barbarischen Gedanken lebt«, nannte sie ein Papst.
Sie aber schien an allem Gott die Schuld zu geben. In ihrer Autobiographie, die sie Gott widmete, schrieb sie: »Du hast mich so anspruchsvoll geschaffen, daß selbst die Herrschaft über die ganze Welt mich nicht befriedigen könnte ...«

3 *Darauf bedacht, sein Geld gut anzulegen ...*

Als er heiratete, war er achtzehn Jahre alt. Dennoch war es bereits höchste Zeit. Denn nur sechs Monate später, fast auf den Tag genau, kam seine Tochter zur Welt. Ihr folgte knapp zwei Jahre darauf ein Zwillingspärchen. Mit 21 mußte er also schon für eine recht ansehnliche Familie aufkommen. Und so ist es denn kein Wunder, daß er versuchte, das Geld, das er verdiente, einigermaßen sicher und gewinnbringend anzulegen.

Dabei hatte er nicht nur für sich und seine eigene Familie zu sorgen. Er mußte auch den Vater unterstützen, der in wirtschaftliche Schwierigkeiten geriet und – obgleich Ratsherr – kaum noch wagte, in der Öffentlichkeit aufzutreten und zum Beispiel nicht mehr in die Kirche ging, weil er fürchten mußte, dort von seinen Gläubigern gestellt zu werden.

Indessen scheint der Sohn recht gut verdient zu haben; denn obwohl er half, den Vater zu entschulden, konnte er sich schon bald – er war inzwischen 33 – das ansehnlichste Haus jenes kleinen Städtchens kaufen, in dem er zur Welt gekommen war, wo er die meiste Zeit lebte und wo er auch sterben sollte.

Möglicherweise hat er sich bei diesem Kauf ein wenig übernommen; sein Name steht zu jener Zeit und in

den folgenden Jahren noch fünfmal auf einer Liste von Steuerpflichtigen, die ihre Steuerschuld nicht beglichen haben.
Offenbar war er geschickt genug, wenigstens zeitweise unterzutauchen. Drei Jahre lang konnten die Steuereinnehmer ihn nicht ausfindig machen, und im vierten Jahr brachten sie nur seinen ungefähren Aufenthaltsort in Erfahrung. Doch im Jahr darauf scheint man seine Steuerrückstände eingetrieben zu haben.
Inzwischen hatte er sich von jenem Hauskauf finanziell erholt. Er konnte nicht nur die rückständigen Steuern zahlen, sondern erwarb jetzt auch ein beträchtliches Stück Ackerland. Es waren 450 000 Quadratmeter. Diesen Besitz rundete er einige Jahre später ab, indem er weitere 200 000 Quadratmeter Acker- und 84 000 Quadratmeter Weideland hinzukaufte. Ein großer Teil seines Ackerlandes war Weizenboden.
Bearbeitet hat er das Land nicht selber; von einigen Obstgärten abgesehen, die er bewirtschaftete, hat er es verpachtet. Es war nicht landwirtschaftliche Arbeit, was ihm Weltruhm einbrachte. Aber mit ihren wohl ziemlich regelmäßigen Pachtverträgen bot ihm die Landwirtschaft eine sichere Basis. Und besonders in Notzeiten war es gut, an der Quelle zu sitzen. Als nach zwei Mißernten und durch die Um-

wandlung weiter Strecken Ackerlandes in Schaftriften im ganzen Land das Getreide knapp wurde und die Regierung nach gehorteten Getreidevorräten forschte, fand man bei ihm etwa 50 Zentner. Für die eigene Familie wäre eine solche Menge viel zu groß gewesen. Wollte er also mit der Not der anderen ein Geschäft machen? Wie scharf er hinter Geld her war, zeigt ein zehn Monate langer Prozeß mit sechs Gerichtsterminen, den er wegen einer kleinen Summe gegen einen Schuldner angestrengt hatte.

Die bedeutendste Kapitalanlage seines Lebens machte er im Alter von 41 Jahren. Da erwarb er für einen hohen finanziellen Einsatz das Recht auf eine jährliche Rente für die Dauer von 31 Jahren. Anfangs betrug die Rente etwa ein Zwölftel des eingezahlten Betrages, allmählich sollte sie auf fast ein Siebtel steigen. Insgesamt sollte ein Vielfaches der Kaufsumme herausspringen. Doch bevor sich dieses Unternehmen für ihn rentierte, ja vermutlich auch nur der eingezahlte Betrag an ihn zurückgeflossen war, kam der Tod. Er starb an seinem Geburtstag, als er gerade 52 Jahre alt wurde.

Unbekannt ist, was für ein Tod es war und wie er, der so viel über Tod und Leben nachgedacht hatte, ihn aufnahm. Als – wie er ihn einmal darstellte – einen »Trostbringer«? »Hier lauert kein Verrat,

hier schwillt kein Leid, / wächst kein verhaßter Zwist, kein Sturm für euch, / kein Lärm: nur Schweigen und ein ew'ger Schlaf«? Immer wieder aber hatte ihn die Frage gequält, »was in den Schlaf für Träume kommen mögen, wenn wir den Drang des Ird'schen abgeschüttelt«. Und manchmal hatte ihn vor dieser Ungewißheit das nackte Grauen gepackt: »Ja, aber sterben! Gehn, wer weiß, wohin, / da liegen, kalt, eng, eingesperrt, und faulen; / dies lebenswarme, fühlende Bewegen / verschrumpft zum Kloß; und der entrückte Geist / getaucht in Feuerfluten oder schaudernd / umstarrt von Wüsten ew'ger Eisesmassen, / gekerkert sein in unsichtbare Stürme, / und mit rastloser Wut gejagt rings um / die schwebende Erd'; oder Schlimm'res werden / als selbst die Schlimmsten unter denen, die / zügellos wild umschweifende Gedanken / sich heulend vorstellen; / zu entsetzlich ist das! Das schwerste ird'sche Kummerleben, / das Alter, Armut, Schmerz, Gefangenschaft / den Menschen auferlegt, ist gegen das, / was uns im Tode droht, ein Paradies.«
Vier Wochen bevor er jenen Schritt ins Ungewisse tun mußte, hatte er ein Testament gemacht. Haupterbin wurde seine älteste Tochter. Seiner Frau vermachte er aus dem ganzen Vermögen nur ein einziges Stück: das »zweitbeste Bett«.
Wer war's?

4 *Amerikanerinnen war er zu pazifistisch*

»Zwei Seifen sind mir zu kompliziert«, sagte er, wenn jemand sich darüber wunderte, daß er sich mit derselben Seife rasierte, die er auch zum Waschen nahm. Er wollte ein Leben der Einfachheit und der Freiheit. »Der wahre Wert eines Menschen ist in erster Linie dadurch bestimmt«, schrieb er, »in welchem Grad und in welchem Sinn er zur Befreiung vom Ich gelangen kann.« Befreiung vom Ich bedeutete ihm Befreiung von egoistischen Begierden. Und das hieß, sich unabhängig machen von äußerem Besitz. Nur in der so gewonnenen Selbständigkeit könne der Mensch dem drohenden Chaos standhalten.

Er zeigte seine Selbständigkeit auch äußerlich, in seiner Kleidung. Immer war er nachlässig angezogen, ohne Rücksicht auf Konvention und Mode. Am liebsten trug er Pullover oder Hemden mit losen, offenen Kragen, dazu bequeme weite Hosen. Einen Hut setzte er fast nie auf, und die lange, wilde Haarmähne blieb ungeordnet; zum Friseur zu gehen, schien ihm, der das Leben auf einfachste Formen bringen wollte, auch zu kompliziert.

Als in einem feudalen Hotel einmal ein festlicher Abend für ihn veranstaltet wurde, erschien er in einem dunkelblauen Arbeiterhemd, so daß man ihn für den Elektriker hielt, den man zur Reparatur einer elektrischen Anlage gerufen hatte. Ein anderes Mal, während eines Besuches in Leiden, wo die holländische Königin ihn ganz plötzlich zu sich bat, kam er in einem Gesellschaftsanzug, den er sich Hals über Kopf von einem Kollegen ausgeliehen hatte.

Zu Hause trug er fast immer nur eine alte Hausjoppe und bequeme Pantoffeln. Nachdem er einen Ruf nach Berlin angenommen hatte, schrieb er in einem Brief: »Das Einleben hier gelingt wider Erwarten gut; nur ein gewisser Drill in bezug auf Kleider etc., dem ich mich auf Befehl einiger Onkels unterziehen muß, um nicht dem Auswurf der hiesigen Menschheit zugezählt zu werden, stört etwas die Gemütsruhe.«

Nicht auszudenken, wenn dieser Mann hätte Uniform tragen müssen. Bei der Musterung war er wegen seiner Plattfüße und Krampfadern für untauglich erklärt worden – ein Befund, der ihm zwar beleidigend schien, jedoch seiner pazifistischen und antimilitaristischen Einstellung entgegenkam. Im Militärwesen sah er eine der schlimmsten Ausgeburten des Herdenwesens:

»Wenn einer mit Vergnügen in Reih und Glied zu einer Musik marschieren kann, dann verachte ich ihn schon; er hat sein großes Gehirn nur aus Irrtum bekommen, da für ihn das Rückenmark schon völlig genügen würde.«

Sein Pazifismus stieß übrigens bei vielen auf heftige Ablehnung. Als er in Deutschland seines Lebens nicht mehr sicher war und sich entschloß, nach Amerika auszuwandern, da hat die amerikanische Frauenlegion »Daughters of the American Revolution« gegen die Einreise des engagierten Pazifisten heftig protestiert. Seine Antwort an das Land der unbegrenzten Möglichkeiten lautete so:

»Noch nie habe ich von seiten des schönen Geschlechts so energische Ablehnung gefunden; sollte es doch einmal der Fall gewesen sein, dann sicher nicht von so vielen auf einmal. – Aber haben sie nicht recht, die wachsamen Bürgerinnen? Was soll man einen Menschen zu sich kommen lassen, der mit demselben Appetit und Behagen hartgesottene Kapitalisten frißt wie einst das Ungeheuer Minotaurus in Kreta leckere griechische Jungfrauen, und der zudem so gemein ist, jeden Krieg abzulehnen, ausgenommen den unvermeidlichen Krieg mit der eigenen Gattin? Hört also auf Eure klugen und patriotischen Weiblein, und denket daran, daß auch das Kapitol des mächtigen Rom einst durch das Geschnatter seiner treuen Gänse gerettet worden ist.«

Der Protest jener Frauenlegion blieb ohne Wirkung.

Amerika war froh, einen so berühmten Mann zu bekommen. Und er war froh, dort ganz ungehindert in seinen ungebügelten Korkenzieherhosen, seinem alten Pullover und Mantel, ohne Hut und ohne Socken, in derben Sandalen zu seinem Arbeitsplatz gehen zu können. Nur so fühlte er sich frei. Und Freiheit war für ihn Voraussetzung zu allem Tun. Als er einmal zu einer Feierlichen Sitzung eine Rede versprochen hatte, überraschte er die Anwesenden damit, daß er statt der Rede ein Stück auf seiner Violine spielte.

»Warum bist du eigentlich so berühmt, Papa?« fragte ihn einmal einer seiner Söhne. Er lachte und antwortete: »Siehst du, wenn ein blinder Käfer über die Oberfläche einer Kugel krabbelt, merkt er nicht, daß der Weg, den er zurücklegt, gekrümmt ist. Ich hingegen habe das Glück gehabt, es zu merken.«

Intensives Denken hatte ihn zum Erfolg gebracht, zu revolutionierenden Erkenntnissen. Es gab Situationen, über die er seit seiner Jugend nachdachte. Zum Beispiel die Situation, in der sich ein Mensch in einem fallenden Aufzug befindet. Oft kam er erst nach jahrelangem Denken zu gültigen Einsichten. Deswegen sagte er einmal: »Jetzt weiß ich, warum es so viele Leute gibt, die gern Holz spalten. Bei dieser Tätigkeit sieht man nämlich immer sofort den Erfolg.«

Bei ihm ist der Erfolg nicht so schnell sichtbar geworden. Zu seiner ersten Vorlesung meldeten sich vier Studenten, von denen drei bald wegblieben. Dem letzten schrieb er eine Postkarte, daß er die Vorlesung nicht mehr abhalten könne, aber jederzeit bereit sei, ihm außerhalb der Universität mit Rat zur Seite zu stehen.

Heute gibt es über sein Werk etwa 4000 Bücher und Abhandlungen.

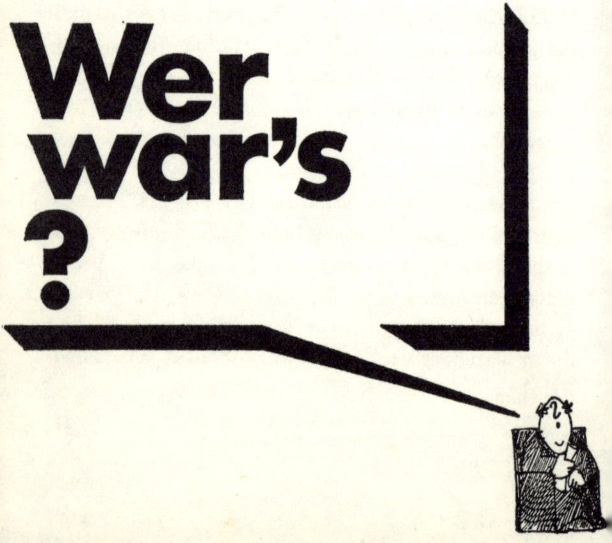

5 *Wie ein Hund wollte er begraben werden*

Die Zuhörer in den ersten Reihen waren einigermaßen verwundert, weil der Hauptredner des Kongresses, ein berühmter und – wie man meinte – allenthalben geachteter, ja hochgeehrter Mann, in einem so schäbigen Anzug erschienen war. Ernst trug der Vierundvierzigjährige, in dem die meisten nicht nur den selbstlosen Menschenfreund, sondern zugleich den erfolgreichen Kaufmann und Unternehmer respektierten, sein Referat vor. Nach einiger Zeit aber wurde seine Stimme leiser, stockender und verstummte schließlich; deutlich war zu sehen, wie der Mann sich nur mit größter Anstrengung aufrecht hielt; er zitterte am ganzen Körper, während die Hände das Pult umkrampften. Auf einem rasch herbeigeholten Stuhl sackte er zusammen, raffte sich dann aber wenigstens so weit wieder auf, daß er bat, die Versammlung seinetwegen nicht zu unterbrechen. Und während es ein anderer übernahm, sein Referat weiterzulesen, wurde er aus dem Saal geführt.

Wohl keiner der Anwesenden ahnte, daß der Schwächeanfall, den der Hauptredner soeben erlitten hatte, nicht auf irgendeine Krankheit zurückzuführen war, sondern einfach auf Hunger! Der

Mann, den viele für steinreich hielten, war in Wirklichkeit so arm, daß er sich schon seit Tagen nichts mehr hatte zu essen kaufen können.

Einige Jahre zuvor hatte er noch überall als vermögend und erfolgreich gegolten. Und dank seiner humanitären Ideen, die zu einem entscheidenden Teil bereits verwirklicht waren, hatten Kaiser, Könige und Fürsten ihn geehrt und ausgezeichnet.

Indessen war diese Arbeit, die ihm so zahlreiche Ehrungen einbrachte, nur die eine Hälfte seines Wirkungskreises gewesen. Bei der anderen ging es um große Projekte in Nordafrika, die er als 25jähriger begonnen und für die er viele Leute als Geldgeber gewonnen hatte. Nicht zuletzt wegen seiner ruhigen, vertrauenerweckenden Art, in der er seine Unternehmungen als künftige Goldquelle darstellte, hatten sie viele Millionen investiert.

Er aber konnte die Hoffnungen und Versprechungen nicht einlösen. Nach etwa fünfzehnjähriger Anstrengung mußte er seinen Aktionären eingestehen, daß er gescheitert war. In einem Konkursverfahren wurde ihm vorgeworfen, den Zusammenbruch durch leichtsinniges Verhalten verschuldet und seine Geldgeber durch falsche Angaben irregeführt zu haben. Für den Schaden, bei dem es um Millionen ging, machte man ihn persönlich verantwortlich und verurteilte ihn damit auf Lebenszeit zu Armut und

Elend. Auch in einem anschließenden Zivilprozeß, den eine in Mitleidenschaft gezogene Bank gegen ihn führte, wurde er schuldig gesprochen. In dem Urteil hieß es, er »hat seine Geldgeber wissentlich getäuscht«.

Damit war er auch in moralischer Hinsicht erledigt. Nicht nur als leichtsinniger Spekulant stand er da, sondern als Betrüger – mag er selber auch immer wieder beteuert haben, zu Unrecht verurteilt worden zu sein; er habe in gutem Glauben gehandelt und sei von seinem Geschäftspartner getäuscht worden.

Zu den Geldgebern, die durch ihn ruiniert wurden, gehörten auch sein Vater und seine Brüder. Die Folge war, daß sie sich von ihm zurückzogen. Der lange Zeit Bewunderte stand plötzlich allein. Auch jene Organisation, die er ins Leben gerufen hatte und die immer größer wurde, half ihm nicht – im Gegenteil, dort warf man ihn jetzt hinaus, nachdem man schon von Anfang an versucht hatte, ihn an die Seite zu drängen. Eine deutsche Königin ließ ihm etwas Geld zukommen, so daß er wenigstens die erste Zeit überbrücken konnte. Jahrelang versuchte er dann als Journalist sein Brot zu verdienen, indem er Artikel schrieb oder Übersetzungen anfertigte. Es blieb ein kümmerliches Dasein. Daß er hungerte, wurde zu einem Dauerzustand, und oft, wenn er die

Miete für ein Quartier nicht zahlen konnte, übernachtete er im Freien.

Als er bankrott machte, war er 39 Jahre alt, und es lagen noch 43 Jahre vor ihm. Von Zeit zu Zeit machte er von sich aus den Versuch, neue humanitäre Ideen zu realisieren. Aber daraus wurde nichts. Und wenn man sich auch in der ersten Zeit, als sein Elend noch nicht überall bekannt war, manchmal noch an ihn erinnerte – wie die Veranstalter jenes Kongresses, auf dem er vor Hunger zusammenbrach –, so geriet er doch bald vollends in Vergessenheit. Aber eines Tages, als die Öffentlichkeit ihn bereits für tot hielt, wurde er gleichsam neu entdeckt – inzwischen war er 67 Jahre alt – als »Vater« jener Organisation, die sich inzwischen fast über die ganze Erde ausgedehnt hatte. Ein Journalist war auf ihn aufmerksam geworden und rief zusammen mit anderen eine Hilfsaktion für ihn ins Leben. Und nun berichteten Zeitungen in aller Welt von ihm und seiner Gründung, und er wurde wieder geehrt, mehr als je zuvor. Der Papst zeichnete ihn aus und auch das norwegische Storting.

Aber in den Jahren des Elends hatte er sich innerlich von den Menschen distanziert. Und für zwei Dinge empfand er nur noch bittersten Haß: für die Kirche und für den Staat. Deshalb bestimmte er, daß an seinem Grab kein Priester erscheinen sollte; es wurde kein Gebet gesprochen und keine Rede gehalten. Man hielt sich an sein Testament, in dem es hieß: »Ich wünsche, begraben zu werden wie ein Hund.«

Wer war's?

6 *Gute Bezahlung war ihm wichtig*

Daß der Achtzehnjährige, der eben seine Schulausbildung hinter sich gebracht hatte und nun in seiner ersten, übrigens gut bezahlten Stellung war, einen Degen trug, geschah nicht aus Eitelkeit. Es geschah einfach aus jenem sicheren Selbstbewußtsein heraus, das sich schon bei dem Knaben, der früh die Eltern verloren hatte, zeigte, als er es durchsetzte, daß man ihm seine Teilnahme am Chorsingen bezahlte. Angemessene Bezahlung seiner Leistung ist ihm auch später immer wichtig gewesen (allerdings war sie auch notwendig, weil er eine große Familie ernähren mußte), und bei seinen nicht gerade seltenen Stellungswechseln hat die Gehaltsfrage meistens eine wichtige Rolle gespielt. Dennoch ist er nicht etwa reich geworden, obgleich er mit seiner ans Wunderbare grenzenden Arbeitskraft ein überaus umfangreiches Werk schuf und schon bald berühmt war.
Der Achtzehnjährige allerdings war noch nicht berühmt, und nicht alle seine Schüler wollten ihn als Autorität anerkennen. Mit einem, der drei Jahre älter war als er, geriet er einmal in einen heftigen Streit. Es begann damit, daß der Schüler mit seinem Instrument Albernheiten trieb. Ihn ärgerte das, und er fuhr den Schüler deswegen ziemlich hart an. Aber

damit war die Sache nicht erledigt. Als er ein paar Tage später zusammen mit einem jungen Mädchen, einer Verwandten von ihm, über den Markt nach Hause ging, versuchte jener Schüler ihn zu stellen. Nicht alleine; in seiner Begleitung waren fünf andere Schüler, als er – bewaffnet mit einem Holzprügel – auf den jungen Lehrer zuging, ihn einen Hundsfott nannte und auf ihn einschlagen wollte. Der aber zog seinen Degen, kam jedoch nicht zum Schlagen, weil der Schüler ihm in den Arm fiel und ihn zerrte, bis die anderen dazwischen kamen und die beiden trennten.

So jedenfalls ist die Szene in einem Aktenstück festgehalten, das angelegt wurde, als er sich über jenen Schüler beschwerte. Später wurde sie ausgemalt. In einer seiner neuesten Biographien ist von »dunkler Nacht« die Rede, in der er überfallen worden sei, und es heißt, er habe mit seinem Degen das Hemd des Angreifers kreuz und quer zerfetzt; »Schlag fiel auf Schlag, und es hätte weiß Gott einen Mord geben können ohne das Eingreifen der Nachbarn, die durch den Lärm aufgeschreckt worden waren«.

Daß man diese Szene übertrieben hat, ist kein Zufall: Sein Leben bietet den Biographen zu wenige dramatische Höhepunkte. Gleichmäßig, wenngleich keineswegs ohne schwere Schicksalsschläge, rollte es ab. Gemessen an der Einmaligkeit seines Werkes, wirkte sein Leben eintönig, überraschend alltäglich.

Da es während der Zeit seiner ersten Anstellung häufiger zu kleinen Reibereien mit den Schülern und dadurch auch (wie übrigens während seines ganzen Lebens) zu Zusammenstößen mit seinen Vorgesetzten kam, nahm er bald eine andere Stellung an, wo er besser bezahlt wurde, so daß er nun heiraten konnte. Es wurde eine glückliche Ehe, mit sieben Kindern, von denen jedoch zwei gleich nach der Geburt starben. Diese glücklichen dreizehn Jahre, in denen er noch zweimal Stellung und Wohnort wechselte und seine Einkünfte wesentlich verbesserte, diese kraftvollen Jahre, in denen er viel und erfolgreich arbeitete und sich dennoch die Zeit nahm, mit seinen Kindern zu spielen und sie zu erziehen, endeten mit dem überraschenden Tod seiner Frau. Als sie starb, war er auf Reisen und kehrte erst einige Zeit nach ihrem Begräbnis zurück.

Was ihn über den Schmerz hinwegbrachte, war die Arbeit. Sie vor allem gab ihm Halt. Doch war es damit allein ja nicht getan; den Kindern fehlte die Mutter, ihm selber die Frau. Anderthalb Jahre nach ihrem Tod heiratete der 35jährige zum zweitenmal, und zwar eine erst 20jährige. Auch diese Ehe – diesmal mit dreizehn Kindern – wurde glücklich.

Was sein Leben, in dem es viel zermürbenden Ärger über kleinliche Verwaltungsschikanen gab, bewundernswert macht, das ist – wenn man von seinem Werk einmal absieht – gerade die Bewältigung des Alltags. Bewundernswert vor allem, wie dieser Mann, obgleich er ständig von Lärm und Kindergeschrei umgeben war, in strengster Konzentration zu schaffen vermochte. Die Kinder, von denen die kleineren fast immer um ihn waren, störten ihn dabei nicht – er vergötterte sie. Und zum Arbeiten schien er nicht Stille und Zurückgezogenheit nötig zu haben, sondern gerade diese von Leben erfüllte Atmosphäre. Eine wesentliche Voraussetzung dafür, daß er so schaffen konnte, war sicherlich seine gute körperliche Konstitution. Man kann sagen, daß sein Körper ihn bis ins Alter nie im Stich gelassen hat. Nur die Augen wollten zum Schluß nicht mehr; nicht lange vor seinem Tode – er starb im Alter von 65 Jahren an den Folgen eines Schlaganfalls – wurde er sogar blind.
Wer war's?

7 *Ihre Liebe zu Blumen machte Europa schöner*

Aufgewachsen in einer ganz anderen Gesellschaft, wirkte sie in der großen Stadt, wo nur Eleganz zählte, plump und unbeholfen. Sie war 16, als sie dorthin kam, um einen 19jährigen, den sie nie zuvor gesehen hatte, zu heiraten. Diesem jungen Mann, der in fast allen Salons zu Hause schien, war ihr Auftreten zu unscheinbar. Auf Gesellschaften saß sie nur lächelnd und staunend da, unfähig, sich an den üblichen Gesprächen über Philosophie, Theater, Politik und Klatsch zu beteiligen.

Weil ihm ihre Ungeschliffenheit und mangelnde Bildung peinlich waren, ließ er seine junge Frau immer häufiger zu Hause, wenn er Gesellschaften besuchte, um zu tanzen, zu flirten, zu plaudern, und wenn er in andere Städte reiste. Er meinte, sie müsse sich erst bilden, bevor sie ihn begleiten dürfe, und spannte seine ganze Verwandtschaft ein, um sie erziehen zu lassen. Ausgesuchte Abschnitte aus Dichtungen wurden mit ihr gelesen, bekanntere Stellen aus den Dramen der Klassiker sollte sie auswendig lernen, und er beschaffte ihr Bücher über Geschichte und Geographie. Um ihm zu gefallen, nahm sie sich eine vierbändige, langweilige Geschichte Roms vor. Aber es war völlig nutzlos. Aus Büchern wußte sie nichts zu lernen.

Zum Ärger ihres Mannes, der schon bald nicht mehr verbarg, daß er eine Geliebte hatte, haperte es auch mit ihrer Rechtschreibung. Und ebenso mißfiel ihm der Stil ihrer Briefe. Ihm zu schreiben, wenn er verreist war, wurde ihr immer schwerer, und sie sah sich deswegen nach Hilfe um. Doch er merkte es und verbot ihr diesen Ausweg.

Was er nicht bemerkte, war ihre natürliche Begabung. Sie besaß eine intuitive Auffassung, die es ihr ermöglichte, Wissen und Anschauungen in Gesprächen rasch aufzunehmen. Gerade auf Gesellsaften lernte sie – nicht daheim aus Büchern. Sie liebte und brauchte Geselligkeit, wo sie ihren alle bezaubernden Charme wirken lassen konnte, mit dem sie es noch weit bringen sollte.

Von ihrem Mann, der ihr den ihr gemäßen Weg verstellen wollte, trennte sie sich. Inzwischen war sie 22 und Mutter von zwei Kindern. Vor allem aber war sie jetzt weltgewandt und sicher und sah sehr gut aus. Dies und ihre Fähigkeit, immer und überall Freunde zu gewinnen, halfen ihr über die nun folgenden wirren Jahre mit Geld- und Nahrungssorgen und sogar Gefängnishaft gut hinweg.

Als sie im Gefängnis war – wo sie auch ihren Mann noch einmal wiedersah, bevor er zum Tode verurteilt wurde –, ließen ihre Kinder ihr Briefe und Nachrichten zukommen. Möglich war diese verbotene Korrespondenz durch ihren Schoßhund, einen Mops, der den Weg zu ihr in die Zelle fand und dann wieder zu den Kindern lief.

Zwei Jahre später, als sie wieder frei war und anfing, in der Gesellschaft eine Rolle zu spielen, verdarb dieser Mops ihrem zweiten Mann die Hochzeitsnacht. Den Vorschlag des Bräutigams, »das Biest« von nun an nicht mehr in ihrem Schlafzimmer schlafen zu lassen, hatte sie brüsk zurückgewiesen: wenn ihm, dem Bräutigam, das nicht passe, könne er ja woanders schlafen. So blieben beide, Mops und Bräutigam. Aber der Mops war eifersüchtig und biß den Bräutigam in den Knöchel. Gut ein Jahr darauf ereilte auch ihn das Schicksal. Nachdem er das gesamte Personal tyrannisiert hatte, indem er nach allem und jedem schnappte, wurde er eines Morgens im Park von einer Dogge, die einem der Köche seines Herrn gehörte, totgebissen.

Sie liebte Tiere, und es wurde sofort ein neuer Mops angeschafft, diesmal eine Hündin, die jedoch nicht sehr gesund war und – obwohl man von weither einen der besten Ärzte kommen ließ – bald starb. Ihr folgten noch mehrere Möpse, auch kleine schwarze Spitze und einmal ein paar Schäferhunde, die neben ihr auf dem Sofa sitzen durften. Sie hielt zahlreiche Papageien und Sittiche, und in einem ihrer Parks hatte sie eine ganze Menagerie: Merinoschafe, Schweizer Kühe, Gazellen, Gemsen, Känguruhs, schwarze und weiße Schwäne, Enten aus China, einen Strauß, Molukkentauben, Affen, Flughörnchen, Störche, Kraniche, eine Robbe, einen Königsgeier, einen Adler. Und ein Schimpanse war da, der einen Anzug trug und manchmal mit Messer und Gabel bei Tisch mitaß.

Einmal wurde ihr ein Hund fast zum Verhängnis. Es war keiner von den ihren, sondern ein ungewöhnlich aussehendes Tier, das auf der Straße entlanggeführt wurde. Um es zu sehen, trat sie zusammen mit drei anderen Personen auf einen Balkon. Plötzlich gab der Balkon nach, und die vier stürzten sieben Meter tief auf die Straße. Alle kamen mit Verletzungen davon; bei ihr waren es Quetschungen und Schürfwunden.

Wie Tiere – und Schmuck und schöne Kleider, wofür sie Millionen ausgeben konnte und bedenkenlos Schulden machte – liebte sie auch Blumen, die sie sich aus ihrer Heimat und vielen anderen Ländern kommen ließ. Magnolien, Hibiskus, Phlox, Kamelien – insgesamt 180 Arten wurden von ihr in jenes Land eingeführt, dessen Erste Dame sie geworden war. Und großzügig verschenkte sie Ableger an zahllose Gärten, wodurch sie entscheidend dazu beitrug, Europa farbiger und blühender werden zu lassen – dasselbe Europa, das ihr Mann (der sich nach dreizehnjähriger Ehe von ihr scheiden ließ, weil seine Ehe mit ihr kinderlos blieb) an den Rand des Ruins brachte.

Wer war's?

8 *Viel Ärger mit den Rauchern*

Er war Nichtraucher und hat sich immer darüber geärgert, wenn er andere Leute rauchen sah. »Das Rauchen macht dumm«, sagte er; »es macht unfähig zum Denken und Dichten. Es ist auch nur für Müßiggänger, für Menschen, die Langeweile haben, die ein Drittel des Lebens verschlafen, ein Drittel mit Essen, Trinken und anderen notwendigen oder überflüssigen Dingen hindudeln und alsdann nicht wissen, was sie mit dem letzten Drittel anfangen sollen. Für solche faulen Türken sind der liebevolle Verkehr mit den Pfeifen und der behagliche Augenblick der Dampfwolke, die sie in die Luft blasen, eine geistvolle Unterhaltung, weil sie ihnen über die Stunden hinweghilft . . .«

Raucher konnte er einfach nicht ausstehen. Und Raucherinnen noch viel weniger. Daß er seiner Köchin, die ihn zwar unsäglich geärgert und zwei Jahre lang schlecht bedient hatte, ein so betont schonungsloses Zeugnis ausstellte, geschah sicherlich auch deswegen, weil sie heimlich rauchte. Sie habe sich, schrieb er ihr ins Zeugnis, »widerspenstig, zudringlich, grob, unruhig und tückisch gezeigt und ihm das Leben sauer und zuletzt ganz unerträglich gemacht«.

Für dieses Zeugnis rächte sich die Köchin auf eine einfache, aber wirksame Weise. Nachdem sie das Schriftstück voller Wut zerrissen hatte, ging sie – während er einen kurzen Spaziergang machte – in sein Arbeitszimmer und rauchte dort ihre Pfeife, um ihm den Raum so recht zu verpesten. Als er von seinem Gang durch die frische Luft zurückkam und sein Arbeitszimmer betrat, drangen ihm dicke Schwaden beißenden Tabakrauchs entgegen. Nichts hätte ihn härter treffen können.

»Es liegt im Rauchen eine arge Unhöflichkeit«, hat er einmal gesagt, »eine impertinente Ungeselligkeit. Die Raucher verpesten die Luft weit und breit und ersticken jeden honetten Menschen, der nicht zu seiner Verteidigung zu rauchen vermag. Wer ist schon imstande, in das Zimmer eines Rauchers zu treten, ohne Übelkeit zu empfinden?«

Da er beileibe kein Einsiedler war, sondern ein weitgereister und wegen seiner Berühmtheit viel besuchter Mann, konnte er dem ihm so lästigen Tabakrauch nicht immer entgehen. Daß er ihn selbst bei Kuraufenthalten ertragen mußte, veranlaßte ihn, unter eine Skizze, die er in einem Kurort entwarf, die Verse zu setzen: »Und wärst du auch am fernsten Ort / Zur kleinsten Hütte durchgedrungen; / Was hälf' es dir? Du fändest dort / Tabak und böse Zungen.«

Ähnlich schlimm wie das Rauchen schien ihm das Biertrinken. Und er meinte: »Wenn es so fortgehen sollte, wie es den Anschein hat, so wird man nach zwei oder drei Menschenaltern schon sehen, was die Bierbäuche und Schmauchlümmel aus Deutschland gemacht haben. An der Geistlosigkeit, der Verkrüppelung und Armseligkeit unserer Literatur wird man es zuerst bemerken, und jene Gesellen werden dennoch diese Misere höchlich bewundern ...«

Er konnte nicht ahnen, wie rasch das ihm so verhaßte Rauchen schließlich auch die Literatur und sogar die Bühne erobern würde. Er selber hat das Rauchen in seinem Werk gleichsam ausgespart, indem er es einfach nicht stattfinden ließ. Dabei sah er sehr wohl, daß die Entwicklung gegen ihn war:

»Was kostet der Greuel!« erregte er sich; »schon jetzt gehen fünfundzwanzig Millionen Taler in Deutschland in Tabaksrauch auf, die Summe kann auf vierzig, fünfzig, sechzig Millionen steigen. Und kein Hungriger wird gesättigt und kein Nackter wird gekleidet. Was könnte mit dem Gelde geschehen!«

Übrigens war er auch ein Gegner des Kaffees. Statt Kaffee trank er lieber die – wie er meinte – bekömmlichere Schokolade; Kaffee mache hypochondrisch und könne für so manches Übel die Ursache sein. Als er sich nach mehr als zehnjähriger

Freundschaft von einer Frau löste und die Frau, eine angehende Fünfzigerin und leidenschaftliche Kaffeetrinkerin, ihm deswegen Vorwürfe machte und es nicht mit Gelassenheit hinnehmen wollte, da schrieb er ihr, an ihrer schlechten Laune und ihrem Unverständnis ihm gegenüber müsse wohl ihr vieles Kaffeetrinken schuld sein, vor dem er sie immer gewarnt hatte.

9 *Raubte und verschenkte Milliarden*

Sein Name – so sagte er selber – bedeutet eigentlich Elefant; einer seiner Vorfahren habe ihn erhalten, weil er in der Schlacht einen Elefanten getötet hatte. Das lag Jahrhunderte zurück. In noch weiterer Vergangenheit sah er den Ursprung seiner Familie: eine Göttin hatte da mitgewirkt, und es war von sehr viel Liebe die Rede, von Heldentum und Frömmigkeit.

Diese Dinge spielten auch in seinem Leben eine wesentliche Rolle. Dreimal verheiratet – seine erste Ehe, aus der eine Tochter hervorging, schloß er als 16jähriger –, hatte er nebenher fast ständig Liebesabenteuer, oft mit den Frauen seiner Freunde, ohne daß er dabei besonders bemüht gewesen wäre, seine Verhältnisse geheimzuhalten. Nicht nur zu seiner Zeit wurde darüber gesprochen, noch sehr viel später lieferten seine Abenteuer Dichtern und heute Musical-Textern willkommenen Stoff. Viel Aufsehen erregte es, daß er seiner ersten Geliebten einen Perlenschmuck im Wert von mehreren Millionen schenkte und ihr außerdem noch eine Reihe von Grundstücken zuschanzte.

Im Schenken war er von kaum zu übertreffender Großzügigkeit, und zwar nicht nur bei Frauen. Ein-

mal hat er 320 000 armen Mitbürgern, die zur Miete wohnten, für ein Jahr die Miete bezahlt. Das war ein gewaltiger Betrag. Denn Wohnungsmieten waren zu seiner Zeit in jener Stadt außerordentlich hoch, obwohl wegen der unablässig steigenden Grundstückspreise die Wohnhäuser immer höher gebaut wurden, mit zehn und mehr Stockwerken.
Alles in allem hat er in seinem Leben Milliarden verschenkt, wobei seine persönliche Lebenshaltung verhältnismäßig bescheiden blieb. Seine Gegner hofften, daß er sich durch seine Schenkungen irgendwann ruinieren würde. Aber sie unterschätzten seine Fähigkeit, immer wieder neue Geldmittel zu beschaffen.
Um zu Geld zu kommen (mit dem er sich die Menschen geneigt machte), hat er eine Reihe anderer Völker finanziell ausgenommen. Das ging nicht ohne Tote ab. Wenn man seinen Angaben folgt, dann waren es Millionen, die er töten ließ. Aber hier hat er übertrieben, um seine Siege bedeutender erscheinen zu lassen. Andere Völker zu reduzieren, war nicht das Ziel seiner Unternehmungen; nur war es nicht immer zu vermeiden. Ebensowenig war Geld sein Ziel. Wohl aber Macht.
Dieses Ziel zu erreichen, wurde ihm nicht leicht gemacht. Aber er war zäh, intelligent, vielseitig begabt. Er verstand es, die Menschen zu bezaubern.

Und er hatte – von seinem Ende abgesehen – viel Glück.
Er war schlank, fast hager und hielt seinen Körper durch regelmäßiges Training fit. Im Reiten, Schwimmen, Fechten, war er kaum zu schlagen. Sein geringes Schlafbedürfnis ermöglichte es ihm, bis tief in die Nächte zu arbeiten und trotzdem früh wieder aufzustehen.
Viel Wert legte er auf die Pflege seines Äußeren. Sie war Teil eines ihm eigentümlichen Strebens nach Vollkommenheit, das sich in allem zeigte, was er tat. So ließ er einmal eine neu erbaute Villa, die ihm nicht hundertprozentig gefiel, abreißen und noch einmal bauen. Unbekannt ist, ob er bei der Körperpflege auch das von seiner berühmtesten Geliebten empfohlene Mittel gegen Haarausfall angewandt hat. In ihrem Buch über Schönheitspflege empfahl sie gegen Kahlköpfigkeit als »das beste von allen Mitteln«:
»Es hilft gegen ausfallendes Haar, auch bei Leuten, die ganz und gar kahl werden ... Es ist wundervoll. Es besteht aus gebrannten Hausmäusen, gebrannten Weinstrünken, gebrannten Pferdezähnen, Bärenfett, Wildmark und Rohrborke zu gleichen Teilen. Es wird zerstoßen und mit viel Honig vermischt, und das Bärenfett und das Wildmark werden geschmolzen und dazugemischt ... Dann werden die

kahlen Stellen damit eingerieben, bis sie bewachsen sind.«
Fest steht, daß seine kahlen Stellen unbewachsen blieben und daß er noch heute manchem Kahlköpfigen ein Trost ist.

10 *Wollte nicht mehr »Täubchen« sein*

»Ein Riese von Gestalt, unregelmäßig gebaut, und sein Gesichtsausdruck ist ganz und gar nicht sympathisch«, so wurde der 34jährige beschrieben, als er sich anschickte, zum einflußreichsten Mann seines Landes zu werden. Tatsächlich sah er keineswegs gut aus. Für sein Alter war er viel zu dick, auf dem schweren Körper saß ein birnenförmiger Kopf mit einer breiten, ungestalten Nase; das linke Auge fehlte (es war ihm bei einer Schlägerei herausgeschlagen worden); seine Hände wirkten ungepflegt, denn er hatte die Angewohnheit, ständig an den Nägeln zu kauen.

Jene Frau indessen, die ihm seine Karriere ermöglichte, fand ihn schön. Sie liebte den um zehn Jahre Jüngeren leidenschaftlich, und in Briefen und Billets gestand sie ihm ihre Liebe immer aufs neue:

»Könnte man noch andere lieben, nachdem man Dich einmal kennengelernt hat? Ich bin der Meinung, daß es keinen Mann auf der Welt gibt, der es mit Dir aufnehmen könnte ...«

Manchmal schrieb sie ihm mehrmals am Tage, oft waren es lange, ausführliche Briefe: »Liebling, ich glaube, Du hast wirklich gedacht, ich würde Dir heute nicht schreiben. Du haßt Dich getäuscht. Ich bin um fünf Uhr aufgewacht, jetzt ist es sieben und schon schreibe ich Dir! ... Ich habe meinem ganzen Leib, ja auch dem kleinsten Härchen streng befohlen, Dir nicht den geringsten Liebesbeweis zu geben. Ich habe meine Liebe in meinem Herzen mit zehn Schlössern verriegelt; dort schmachtet sie, ihr ist ganz elend, und ich fürchte, sie wird ausbrechen. Bedenk doch, Du, ein vernünftiger Mann, kann man soviel Torheit in so wenigen Zeilen aussprechen? eine ganze Flut von Unsinn entströmt meinem Kopf. Ich verstehe nicht, wie Du eine Frau mit so wirren Gedanken ertragen kannst. Oh, was für ein trauriges Wunder habt Ihr vollbracht, einen Kopf, der einstmals vor der Welt als einer der besten von Europa galt, so aus dem Gleichgewicht zu bringen. Es ist Zeit, höchste Zeit, daß ich wieder zur Vernunft komme. Wie schändlich! Wie sündhaft! ›Du wirst ihm mit Deinem Wahnsinn lästig werden‹, sage ich mir ...«

Oder auch nur ein paar Worte, eine rasch hingeworfene Frage: »Mir fehlen die Worte, um Dir zu sagen, wie ich Dich liebe ...«. – »Mein Täubchen, guten Morgen. Mein süßester Liebling, ich möchte gern wissen, ob Du gut geschlafen hast und ob Du mich so sehr liebst, wie ich Dich liebe ...«.

Nicht nur »Täubchen« nannte sie diesen dicken riesigen Mann, sie fand immer neue Kosenamen. Er

war ihr kleiner Wauwau, ihr Goldfasan, ihr Kätzchen, ihr kleiner Papagei, ihre Zwillingsseele, ihr liebes Herzchen und manchmal auch ein Tiger oder ein Löwe im Dschungel.
Löwe oder Tiger allenfalls auf dem Papier zu sein, aber war dem »größten Fingernägelknabberer« – wie sie ihn auch einmal nannte – auf die Dauer nicht genug. Zwei Jahre hielt er es durch, von ihr nicht nur mit Kosenamen, sondern ebenso mit Orden, Geschenken und Titeln (der höchste war ein deutscher Fürstentitel) überhäuft zu werden. Während dieser Zeit kam es immer häufiger vor, daß er im Morgenrock, seinem liebsten Kleidungsstück, tagelang auf dem Diwan lag, voller Depressionen und oft in seltsamen Angstzuständen wie gebannt. Diese häufigen Perioden völliger Apathie waren der Frau, die einen streng geregelten, langen und harten Arbeitstag hatte, ganz und gar unverständlich. Immer häufiger kam es deswegen zwischen den beiden zu Streitereien. Und eines Tages kamen sie überein, sich zu trennen.
Auch nach der Trennung blieben sie einander verbunden, in gegenseitiger Achtung und Anerkennung. Nur war er nicht mehr ihr Liebhaber. Doch bestimmte er, wer künftig ihre Liebhaber waren. Das heißt, er suchte sie aus, wobei er nur solche Männer zuließ, die sehr viel weniger ehrgeizig waren als er

selber und ihm deswegen nicht gefährlich werden konnten. Von den fünfzehn Liebhabern, die sie nach ihm hatte, war nur einer nicht von ihm vorgeschlagen worden.

Er lebte unterdessen fast zweitausend Kilometer von ihr entfernt. Und dort, in einem noch ganz und gar unterentwickelten Gebiet, konnten sein Ehrgeiz, seine Vitalität, sein ausgesprochenes Organisationstalent und sein Machthunger sich voll entfalten. Seine Pläne als Kolonisator waren von so gewaltigen Ausmaßen, daß ihre völlige Realisierung nicht möglich sein konnte. Aber selbst jener Bruchteil, der verwirklicht wurde, war so überwältigend, daß ausländische Besucher, die zur Besichtigung der von ihm aus dem Boden gestampften neuen Städte mit Fabriken, Krankenhäusern, Universitäten, Kirchen, mit Häfen und riesigen Befestigungsanlagen kamen, tief beeindruckt waren.

Dennoch ist dieser Mann nicht als einer der erfolgreichsten Städtegründer in die Geschichte eingegangen; er wurde das Opfer einer Verleumdung. Man warf ihm vor, seine Pläne gar nicht verwirklicht, sondern die Leute getäuscht zu haben. Millionen und Abermillionen, so hieß es, habe er unterschlagen und für sich selber verbraucht, und Hunderttausende armer Bauern habe er dem Hungertode preisgegeben. Und so lebt dieser Mann trotz seiner hervorragenden Leistungen bis heute im allgemeinen Bewußtsein als einer der gerissensten Betrüger der Weltgeschichte weiter.

WER WAR'S?

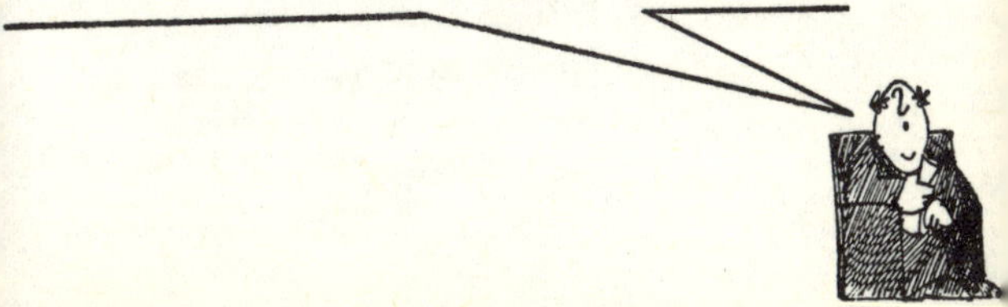

11 *Mit 84 Jahren noch Ehebruch*

Er war fast 84, als er sich entschloß, zum drittenmal zu heiraten – diesmal eigentlich nur, um seinen Sohn und Erben zu ärgern. Eine plötzliche Erkrankung, die zunächst nur eine Magenverstimmung zu sein schien, sich dann aber verschlimmerte, gab den Ausschlag, daß er einer 43 Jahre jüngeren Witwe einen Heiratsantrag machte. Er selber berichtet:

»Ich versuchte, mein Opium einzunehmen, aber es drehte mir den Magen um. Ich war in einem außergewöhnlichen Zustand: ich konnte sehen, ich konnte hören, aber ich konnte mich weder bewegen noch sprechen. Unglück ist manchmal nützlich, denn dieses hier bewog mich zu heiraten: ich wollte eine schützende Barriere zwischen meiner Altersschwäche und meinem Sohn aufrichten. Ich sah, wie er sich als der Herr des Hauses aufspielte; er wollte, daß man mich zur Ader läßt, ich wäre tot gewesen, wenn nicht mein Kammerdiener, der mich pflegte, sich gewehrt und geschworen hätte, daß man nur über seine Leiche an mein Blut käme. Meine Sinne kehrten allmählich zurück; ich konnte mich bewegen, bevor ich sprechen konnte, war aber während der ganzen Zeit im Besitz meiner geistigen Kräfte. Sobald ich mich durch Zeichen verständigen konnte, war mein erster

Gedanke, an Madame de R. zu schreiben und sie zu bitten, mich zum Beweis ihrer Freundschaft so schnell wie möglich zu heiraten.«
Er hatte es so eilig, daß er sich einen erzbischöflichen Dispens beschaffte, um die Hochzeit noch während der Fastenzeit halten zu können. Und dann warnte er seinen Sohn: »Trotz meiner vierundachtzig Jahre rechne ich noch damit, ein Kind zu haben, das ein besserer Mensch als Sie sein wird.«
Diese Möglichkeit war nicht von der Hand zu weisen, und zwar nicht nur, weil die junge Frau eine Schwäche für einen sehr viel jüngeren Freund ihres Mannes hatte, vielmehr war ihr Mann trotz seines hohen Alters durchaus fähig, seine Drohung noch selber wahr zu machen. Jedenfalls überraschte ihn die Frau nicht lange nach der Hochzeit, wie er gerade dabei war, sie zu betrügen (zu jener Zeit war sie selber bereits schwanger). Und – so berichtet sein Biograph – um weitere Abenteuer dieser Art zu unterbinden, bestand seine Frau darauf, »daß er die Gewohnheit aufgab, täglich vor dem Essen einen Teelöffel des Aphrodisiakums zu schlucken, das er nach einem geheimen Rezept zusammenbraute: eine braune, honigartige Flüssigkeit, die intensiv nach Safran roch«. Dennoch habe sie noch lange Zeit größte Mühe gehabt, ihn an heimlichen Abenteuern zu hindern, zu denen es ihn immer wieder lockte.

Sein ganzes Leben lang hatte ihn nichts auch nur entfernt so sehr beschäftigt wie die Liebe, wobei er manches Mal in arge Schwierigkeiten gekommen war. Schon den Fünfzehnjährigen hatte ein (wenngleich mißglückter) Versuch in dieser Hinsicht für länger als ein Jahr ins Gefängnis gebracht. Wo immer es zu entsprechenden Parties kam, war er dabei. Oder anders herum: Wo immer er auftauchte, da war hernach von pikanten amourösen Abenteuern die Rede – schon weil er selber immer dafür sorgte, daß seine Eroberungen stadtbekannt wurden und daß seine Rivalen davon erfuhren. Um seinen Ruf als Frauenheld zu pflegen, ließ er manchmal seinen Wagen nächtelang vor dem Haus einer Dame stehen, während er selber gar nicht dort, sondern allein zu Hause war.

Allerdings scheint er seine Abende nur selten zu Hause verbracht zu haben – und schon gar nicht allein. Er hatte gern Gäste, und dann ging es meist hoch her. Jedenfalls wurden hinterher die tollsten Sachen erzählt. Etwa von jenem Sommerabend, an dem es so heiß war, daß er seinen Gästen vorschlug, unbekleidet zu dinieren, und wo dann beim Dessert die Partnerinnen ausgetauscht worden seien.

Wie gesagt, hat auch er selber über solche Dinge gern und ausführlich berichtet. Einmal zu ausführlich – nämlich von einer Gesellschaft, auf der eine junge

Gräfin, die offenbar zu viel getrunken hatte, sich plötzlich ausgezogen und sich dann einem Gast nach dem anderen und schließlich gar den Dienern gewidmet habe. Die Verbreitung dieser Geschichte hatte für ihn ein Nachspiel, und zwar ein Duell mit dem Ehemann jener Dame und eine mehrwöchige Untersuchungshaft.

Dann und wann im Gefängnis zu sitzen, galt zu seiner Zeit keineswegs als ehrenrührig, jedenfalls nicht, wenn es wegen irgendwelcher Kavaliersdelikte geschah und wenn es sich noch dazu, wie bei ihm, um den Träger eines großen Namens handelte. Eher kann man sagen, daß es dazugehörte zu jenem Leben, das sich immer wieder um Frauen drehte – um Frauen, Einfluß und Macht.

Als dieser von Statur kleine, fast schwächliche Mann, der stets von einer Duftwolke schweren Parfüms umgeben war, ernstlich Einfluß gewinnen wollte, als Politiker und als Offizier, da ging er den ihm gemäßen Weg: Er spielte für seinen König den Kuppler, was er in einem Brief an eine seiner Freundinnen auch offen eingestand:

»Ich habe keine Skrupel, meinem Herrn bei seinen Liebesgeschichten nützlich zu sein; man schenkt doch auch ein schönes Bild, eine hübsche Vase oder ein Schmuckstück, und ich sehe keinen Grund zum Erröten, wenn man dem König hilft, sich am Schönsten auf der Welt zu erfreuen – an einer Frau ... Wir schulden dem Herrn, der uns regiert, alle möglichen Dienste, und wir dürfen ihm eine Frau genau wie alles andere anbieten.«

Er starb im Alter von 92 Jahren. Die Drohung gegenüber seinem Sohn, noch einen neuen Erben zu bekommen, hatte sich nicht erfüllt; eine Fehlgeburt hatte sie zunichte gemacht.

Wer war's?

12 *Liebte Rüschen und Schleifen aus Atlas*

Mehrmals mußte er vor seinen Gläubigern die Flucht ergreifen. Einmal waren ihm dabei Schmuggler behilflich. Sie brachten ihn, seine Frau und seinen riesigen Hund, einen Neufundländer, auf ein Segelschiff, das nach London fahren sollte. Unterwegs gerieten die Flüchtlinge in einen Sturm, der das Schiff weit von seinem Kurs abbrachte. Diese unheimliche Fahrt, die zunächst in einer norwegischen Bucht endete, inspirierte ihn zu seinem wohl populärsten Werk.

Zu jener Zeit war er 26. Zehn Jahre später, nach einer Hungerzeit, hatte er sich – unermüdlich arbeitend und zäh alles zu Ende bringend – bereits einen Namen gemacht. Seine finanzielle Lage war indessen nicht wesentlich besser geworden. Zwar hatte er nun ein festes Einkommen, aber er lebte über seine Verhältnisse, machte Schulden und ärgerte sich, daß so viele Menschen so viel mehr Geld hatten als er, obwohl sie weniger leisteten. Die bürgerlich-kapitalistische Gesellschaft brachte ihn auf, und von dem französischen Sozialisten Pierre-Joseph Proudhon übernahm er die Meinung, daß Eigentum Diebstahl sei.

»Ich will zerbrechen die Gewalt der Mächtigen, des

Gesetzes und des Eigentums«, schrieb er. »Der eigene Wille sei Herr des Menschen, die eigene Lust sein einzig Gesetz, die eigene Kraft sein ganzes Eigentum; denn das Heilige ist allein der freie Mensch ...«

Er forderte – was später lange verschwiegen und schließlich als jugendlicher Überschwang bagatellisiert wurde – direkte Terroraktionen gegen die ausbeuterische Herrschaftsschicht, wie er sie vor allem in Frankreich kennengelernt hatte:

»Wie wird es uns aber erscheinen, wenn das ungeheure Paris in Schutt gebrannt ist, wenn der Brand von Stadt zu Stadt hinzieht, wenn sie endlich in wilder Begeisterung diese unausmistbaren Augiasställe anzünden, um gesunde Luft zu gewinnen? – Mit völligster Besonnenheit«, schrieb der 36jährige einem Freund, »und ohne allen Schwindel versichere ich Dir, daß ich an keine andere Revolution mehr glaube als an die, die mit dem Niederbrande von Paris beginnt.«

Folgen solle eine Gesellschaft der Zukunft, die die Pflicht habe, die Menschen »durch Vervollkommnung ihrer geistigen, sittlichen und körperlichen Fähigkeiten zu immer höherem, reinerem Glück zu führen«. Und für diese Zeit des reinen Glücks, die er bereits anbrechen sah, ging er sogar auf die Barrikaden. Aber es endete mit Flucht und Exil.

Achtzehn Jahre später hat der einstige Revolutionär ganz andere Sorgen. Da schreibt er diesen Brief: »Liebes Fräulein Bertha! Ich sage schönen Dank für die heute erhaltene Sendung. Vom Rosa-Schlafrock erwähnen Sie nichts. Ich bitte mir anzuzeigen, wann Sie ihn abschicken. Gern hätte ich von dem hierbei zurückgesandten größeren Rosa-Atlas-Muster ein ganzes Stück von etwa 100 Ellen bestellt; nur müßte das Gewebe etwas glatter ausfallen, ganz wie bei dem grünen Muster; nicht so geköpert; sondern recht offen, was einen schöneren Glanz gibt als auf dem großen Muster ...« Und in einem Nachsatz: »Sorgen Sie, daß der bestellte leichtere rosa Atlas schön ausfällt, nicht offen gewoben – und rechte Farbe! Keine Appretur – sehr weich!«

Seine Briefe an Fräulein Bertha, eine Putzmacherin, füllen ein ganzes Buch. Immer neue rosafarbene, himmelblaue, grüne, rote Atlas-Schlafröcke und Seidenhosen mußte er bestellen. Ihre Zahl ging in die Hunderte, und die Rechnungen gingen in die Tausende. Er bestellte Rüschen, Schleifen und Bänder. Er brauchte seidengefütterte Samtbarette, Atlaspantoffeln und Dutzende weißer Atlaskissen mit bunten Blumenstickereien. Und für die Wände seines Arbeitszimmers bestellte er Hunderte von Ellen grüner, gelber, violetter Atlasdekorationen. Er brauchte diesen Farbenrausch (wie andere Alko-

hol oder Rauschgift) zur Vollendung seines künstlerischen Werkes, so wie er für dessen Beginn den Rausch des Revolutionärs gebraucht hatte.
Wer war's?

13 *Gefährlicher Hang zum Besserwissen*

Seit seinem vierzehnten Lebensjahr besuchte er die beste Schule des Landes. Nur die Begabtesten wurden dort aufgenommen und, je nach Wunsch und Neigung, für einen Beruf ausgebildet, zum Beispiel als Jurist, Finanzsachverständiger, Mediziner, Kaufmann, Offizier, Architekt, Maler, Bildhauer, Musiker, Schauspieler, Tänzer – insgesamt gab es siebzehn verschiedene Ausbildungswege. Die meisten Lehrer waren jung und unverbraucht und immer bereit, mit den Schülern über alle möglichen Probleme zu diskutieren. Trotzdem ist jene Schule – was vor allem auf Äußerungen von ihm zurückzuführen ist – als despotisches Institut, als »Folteranstalt« und »Zwangsjacke« in die Geschichte eingegangen. Und der Landesherr, der jene Schule ins Leben gerufen hatte, erscheint noch heute als ein Tyrann.

Nach sieben Jahren wollte er seine Studien beenden und reichte eine Abschlußarbeit ein, mit der seine Professoren jedoch nicht einverstanden waren. Einer erklärte, er habe die »weitläufige und ermüdende« Abhandlung zweimal gelesen, die Absicht des Verfassers aber dennoch nicht erraten können; »sein etwas zu stolzer Geist, dem das Vorurteil für neue

Theorien und der gefährliche Hang zum Besserwissen allzu fest anklebt, wandelt in so dunkel gelehrten Wildnissen, wo hinein ich ihm zu folgen mir nimmermehr getraue.«

Der Professor rügte »viele falsche Grundsätze« und ergänzte: »Dabei ist der Verfasser äußerst verwegen und sehr oft gegen die würdigsten Männer hart und unbescheiden.« Zwar erkannte der Professor in der »feurigen Ausführung« der Arbeit »untrügliche Beweise von des Verfassers guten und auffallenden Seelenkräften« und versprach sich auch »nach geendeten jugendlichen Gärungen einen wirklich unternehmenden nützlichen Gelehrten«, doch bewahrte das den Autor nicht davor, noch ein ganzes Jahr auf der Schule bleiben zu müssen. So konnte er erst als 21jähriger die Anstalt verlassen, nachdem er zwei neue Abschlußarbeiten eingereicht hatte (von denen eine, die in Latein geschrieben worden war, ebenfalls nicht anerkannt wurde).

Aber auch dann war er nicht frei. Und eines Tages verließ er sein Vaterland, als Flüchtling, um wirklich frei sein und als freier Mann für die Freiheit kämpfen zu können. Sein Einsatz für die Freiheit ist ihm nicht leicht gemacht worden. Nicht nur, daß er ihn zunächst in eine fast ausweglose finanzielle Misere brachte (die sich erst gegen Ende seines Lebens bessern sollte), schlimmer schien ihm – und zwar über viele Jahre hin –, daß ihm ein anderer, den er bewunderte und zugleich beneidete, ja manchmal geradezu haßte, überall im Wege stand. Zwar hatte auch er selber schon bald große Erfolge, aber die Anstrengung mußte ihm um so größer vorkommen, als dem anderen alles in den Schoß zu fallen schien. Jener andere erinnerte ihn ständig daran, daß – so schrieb er – »das Schicksal mich hart behandelt hat; wie leicht ward sein Genie von seinem Schicksal getragen, und wie muß ich bis auf diese Minute noch kämpfen«.

Es verdroß ihn, daß der andere es verstand, alle Menschen zu bezaubern, ohne eigentlichen Einsatz – »wie ein Gott, ohne sich selbst zu geben«, und das schien ihm »eine konsequente und planmäßige Handlungsart, die ganz auf den höchsten Genuß der Eigenliebe kalkuliert ist.« Ja in seinem an Haß grenzenden Ärger meinte er einmal: »Ein solches Wesen sollten die Menschen nicht um sich herum aufkommen lassen.«

Aber hinter dieser Abneigung verbarg sich sein Wunsch nach Anerkennung gerade von diesem einen, und immer wieder warb er um ihn. »Ich betrachte ihn wie eine stolze Prüde, der man ein Kind machen muß«, schrieb er einem Freund. Je mehr er warb, desto mehr zog sich der andere, der sonst nicht gerade kontaktarm war, zurück; ihm war der Jüngere nicht sympathisch – dessen Arbeiten nicht, die ihm zu gewollt, zu verkrampft und in vielem einfach zu wirr erschienen, und auch dessen Äußeres und seine Lebensweise nicht: daß er so viel rauchte und schnupfte und Kaffee trank, störte ihn und ebenso, daß sein Tagesablauf so unregelmäßig war, weil er meist bis tief in die Nacht hinein arbeitete und dann erst gegen Mittag aufstand, und vor allem daß er nicht gesund war.

Dennoch kam es schließlich zu einer Annäherung, ja zu einer Zusammenarbeit zwischen ihnen. Nur eine Freundschaft wurde es nie, mag es auch immer wieder so bezeichnet worden sein. Bei aller gegenseitigen Anerkennung blieben die Gegensätze, die Unterschiede, die »stillen Reserven« zu groß. Das ist nicht weiter verwunderlich. Eines aber ist wohl doch überraschend, nämlich daß der Jüngere, der immer für ein freieres Leben eingetreten war, sich daran stieß, daß der andere mit einer Frau zusammen lebte und Kinder mit ihr hatte, ohne mit ihr verheiratet zu sein.

Und seltsam: seinen Unmut darüber zeigte er nicht eigentlich dem Mann, sondern vielmehr der Frau, indem er nämlich in all den Jahren jener angeblichen Freundschaft – sei es nun in Briefen oder auch bei häuslichen Besuchen – so tat, als gäbe es jene Frau gar nicht. Für ihn war sie einfach Luft. Dabei hatte er einige Jahre zuvor ernsthaft daran gedacht, mit einem Schwesternpaar eine Art Ehe zu dritt einzugehen, weil er beide Mädchen gleichermaßen zu lieben glaubte!

14 *Besser fressen als gefressen werden*

Für die Freude schien er nicht geschaffen. Insbesondere dem Jüngling schien nichts auf dieser Welt Freude machen zu können. In seiner puritanisch-asketischen Lebenseinstellung zeigte er einen geradezu physischen Abscheu vor allem, was mit Lustigsein, mit Vergnügen oder gar mit Amüsement zusammenhing. Kein Wunder, daß er mit Siebzehn Selbstmordgedanken hatte und seinen Werther-Monolog schrieb:

»Immer einsam mitten unter Menschen, so betrete ich mein Zimmer, um zu träumen, still für mich, mich meiner Melancholie in deren ganzer Schärfe hinzugeben. Wohin wird sie mich heute treiben? In den Tod? ... Welche Furie ist es, die mich in die Selbstvernichtung peitscht? Wirklich, was soll ich noch in dieser Welt beginnen? Da ich schon sterben muß, ist es dann nicht genau so gut, Hand an mich selbst zu legen? ... Da mir nichts Freude macht, wozu trage ich dann an den Tagen, die nichts zum Gewinn ausschlagen läßt? Wie weit hat sich der Mensch von der Natur entfernt! Wie feige ist er doch und wie verderbt und wüst! ... Das Leben ist mir eine Last geworden, weil ich nicht Freude schmecke, nur Schmerz, weil die Menschen, mit

denen ich lebe und wohl immer leben werde, es auf eine Weise tun, die von der meinen so verschieden ist wie der Mond von der Sonne ...«
Was ihn anekelte am Leben der anderen, war deren Mangel an Ehrlichkeit und Moral, an Stärke und Anständigkeit; die Menschen seiner Zeit waren – so schien es ihm wenigstens – kleinlich, bestechlich, intrigant; das Leben der Gesellschaft hielt er in einem nicht mehr erträglichen Maße für erotisiert. Alles schien den Frauen untertan, und um Karriere zu machen, schien es vor allem darauf anzukommen, die richtigen Betten zu finden. Größe, Tugend, Idealismus waren nicht gefragt; wie alle echten Werte wurden sie im Keim erstickt ... Das war es, womit er seinen »allgemeinen Abscheu« vor den anderen begründete.
Lebte er selber so viel tugendhafter? Vielleicht war es wirklich seine Absicht. Als Abonnent einer Leihbücherei war er auf die Werke Rousseaus gestoßen; da glaubte er die Welt so beschrieben, wie sie hätte sein sollen. Für Jean Jacques Rousseau – so sagte er später – hätte er gerne sein Leben gegeben.
Das war nun freilich kaum mehr als eine Redensart. Sein Leben hat er weder für Rousseau, noch für irgendwen sonst gegeben, und er hat es sich auch nicht genommen. (Hätte er es getan, rechtzeitig, dann wäre vielleicht Millionen Menschen sehr viel

Leid erspart geblieben.) Er begnügte sich damit, einen Roman zu schreiben und seinen Helden, dem er eine Reihe autobiographischer Züge gab, sterben zu lassen. Wie er selber konnte auch sein Romanheld, ein junger Offizier, in der Gesellschaft nicht recht Fuß fassen; auch er »konnte sich an jene kleinen Förmlichkeiten nicht gewöhnen. Seine begeisterungsfähige Phantasie, sein feuriges Herz, seine kühle Intelligenz konnten nicht umhin, die Affektationen von Kokotten langweilig zu finden«.

Eine entscheidende Wende im Leben des Romanhelden schien einzutreten, als er sich in ein junges Mädchen verliebte. Er heiratete, nahm als Offizier seinen Abschied und lebte nur noch für seine Frau und die Kinder. Eines Tages jedoch mußte er feststellen, daß sich in seinem Leben eigentlich gar nichts geändert hatte: das Glück war nicht gekommen. Da Krieg war, kehrte er zurück in die Armee, wo er »in allem Erfolg« hatte und sein Name »zum Signal des Sieges« wurde. Doch verlor er nun die Liebe seiner Frau, und da er »mit 26 Jahren alle kurzlebigen Ruhmesfreuden ausgeschöpft hatte«, suchte er in der nächsten Schlacht den Heldentod.

Anders der Autor des (übrigens unveröffentlicht gebliebenen) Romans, der ebenfalls nicht das wahre Glück fand, als er sich verliebte und mit einer um einige Jahre älteren Witwe die Ehe einging. Was eigentlich Glück ist, hatte er ein Jahr zuvor darzustellen versucht, in einem Essay, mit dem er sich um einen von einer Akademie ausgeschriebenen Preis bewarb: Glück sei Liebe zum Heimatboden, hatte er da ausgeführt, Liebe zu seinem Volk, seinen Freunden und zu seiner Familie – nicht aber Liebe zu Frauen. »Wenn ich die spartanische und römische Ära mit der unseren vergleichen soll«, schrieb er, »würde ich sagen: Heute untersteht der Mensch der Herrschaft der Liebe, damals unterstand er der der Heimatliebe. Angesichts der gegensätzlichen Auswirkungen dieser beiden Leidenschaften ist es sicherlich gestattet, anzunehmen, daß sie miteinander unvereinbar sind.«

Die Akademie muß wohl anderer Meinung gewesen sein. Nicht nur, daß seine Arbeit nicht ausgezeichnet wurde – auch von den anderen eingegangenen Arbeiten erhielt keine den Preis –, aber sie war nicht einmal unter denen, die man für erwähnenswert hielt. Inzwischen hatte auch er einen neuen Standpunkt gefunden. Nicht mehr von Todessehnsucht schrieb der 29jährige, sonderen von Tatendrang – genauer: jetzt zeigte er sein Streben nach Macht. »Mir bleibt nichts übrig, als ein wahrhafter und absoluter Egoist zu werden«, schrieb er einem seiner Brüder. Und ein anderes Mal: »Unter so vielen gegensätzlichen Ideen und so vielen voneinander

abweichenden Perspektiven verliert der anständige Mensch die Orientierung und verzweifelt, und der Skeptiker wird schlecht ... Wenn man sich schon auf eine Seite schlagen muß, dann mag man sich genauso gut auf die der Sieger schlagen, auf die Seite, die vernichtet, plündert und in Brand steckt. Bedenkt man die Alternative, ist Fressen besser als Gefressenwerden.«
Das waren nicht mehr nur Redensarten – das war ein Programm. Und er hat sich daran gehalten. Ein paar Jahre später schickte er sich an, ganz Europa zu fressen.

Wer war's?

15 *Zum Heiraten war er zu schüchtern*

Plötzlich wollte er heiraten. Der 32jährige, der in Fachkreisen bereits berühmt war, hatte die Bekanntschaft einer jungen Holländerin gemacht. Nach nur wenigen Tagen und einem gemeinsamen vierstündigen Spaziergang machte er ihr einen schriftlichen Antrag:

»Mein Fräulein! ... Nehmen Sie allen Mut Ihres Herzens zusammen, um vor der Frage nicht zu erschrecken, die ich hiermit an Sie richte: Wollen Sie meine Frau werden? Ich liebe Sie und mir ist es, als ob Sie schon zu mir gehörten ... Glauben Sie nicht auch daran, daß in einer Verbindung jeder von uns freier und besser werde als er es vereinzelt werden könnte ... ? Wollen Sie es wagen mit mir zusammen zu gehen, als mit einem, der recht herzlich nach Befreiung und Besserwerden strebt? Auf alle Pfade des Lebens und des Denkens?«

Sie wollte es nicht wagen, und er ließ die Sache auf sich beruhen. Aber den Gedanken an eine Heirat gab er noch nicht auf. Aufgeben wollte er seine Stellung als Ordinarius, und zwar aus gesundheitlichen Gründen. Immer häufiger litt er an äußerst starken Kopfschmerzen. »Mir ging es so schlimm!« schrieb er seiner Schwester; »innerhalb 14 Tagen lag ich

6 Tage zu Bett mit 6 Hauptanfällen, der letzte ganz zum Verzweifeln.«
Und weiter berichtete er in diesem Brief, wie eben seine immer schlechter werdende Gesundheit den Plan »einer Verheiratung mit einer zu mir passenden, aber notwendig vermöglichen Frau« hatte aufkommen lassen; »in diesem Sommer soll nun das Projekt gefördert werden«, schrieb er, so daß er schon im Herbst verheiratet sein könnte.
Nun fehlte aber nicht nur die Frau. Erschwerend kam hinzu, daß er alles andere als ein Frauenheld war. Frauen gegenüber war er unsicher, ja ungewöhnlich gehemmt, obwohl – oder gerade weil – er in einem Hause aufgewachsen war, in dem nach dem frühen Tod seines Vaters nur Frauen das Sagen hatten. Nur acht Wochen nach der Entstehung des Heiratsprojekts schrieb er denn auch: »Die Verheiratung, sehr wünschenswert zwar, – ist doch die unwahrscheinlichste Sache, das weiß ich sehr deutlich!«
Fünf Jahre später lernte er eine intelligente junge Russin kennen. Und diesmal wollte er eine Heirat nicht nur, um verheiratet zu sein und im Krankheitsfall Hilfe zu haben, sondern weil er sich wirklich verliebt hatte. Doch hinderte ihn seine Gehemmtheit, mit dem jungen Mädchen zu sprechen. Er bat seinen Freund, für ihn zu werben. Dabei

übersah er, daß der Freund ebenfalls in das Mädchen verliebt war; als rivalisierender Liebhaber, der nun die intimsten Wünsche seines Nebenbuhlers kannte, warb der Freund bei dem Mädchen für sich selber, und die peinliche Situation wurde auch dadurch nicht erträglicher, daß beide ohne Erfolg blieben.
Es war sein letzter Versuch, eine Frau zu bekommen.
Unterdessen hatte sich seine Gesundheit weiter verschlechtert. Schon der Mittdreißiger schrieb: »Ich bin am Ende des fünfunddreißigsten Lebensjahres; die ›Mitte des Lebens‹ sagte man anderthalb Jahrtausende von dieser Zeit... Nun bin ich in der Mitte des Lebens so ›vom Tod umgeben‹, daß er mich stündlich fassen kann; bei der Art meines Leidens muß ich an einen plötzlichen Tod, durch Krämpfe, denken...«
Je kränker er wurde, je dichter jene Anfälle heftiger Kopfschmerzen aufeinander folgten, die manchmal zu Bewußtlosigkeit führten (und allerdings von Perioden höchster, ja euphorischer Schaffenskraft abgelöst wurden), desto deutlicher wurde sein Traumbild von einem gesunden, vitalen Menschentyp. Dieser kranke, einsame, kontaktarme, schüchterne Mann, der – so schrieb die von ihm geliebte Russin – »leicht übersehen werden konnte«, forderte den starken, herrischen Menschen, der sich über alles

hinwegsetzt. Dahinter stand die eigene Neigung, sich nicht unterzuordnen – er war vermögend genug, nicht unbedingt Geld verdienen zu müssen – und in allen persönlichen Beziehungen und Freundschaften die führende Rolle spielen zu wollen. In dieser Neigung wurzelte auch seine zersetzende, manchmal zynische Kritik an allem Bestehenden, die ihm von nahezu allen verübelt wurde.

Seinen Weltruhm und die ungeheure Wirkung seines ebenso verführerischen wie fruchtbaren Werkes hat er nicht mehr erlebt. Auch nicht das Ende der von ihm erkannten Entwicklung, zu der er selber allerdings nicht wenig beigetragen hat:

»Unsere ganze europäische Kultur bewegt sich seit langem mit einer Tortur der Spannung, die von Jahrzehnt zu Jahrzehnt wächst, wie auf eine Katastrophe los; unruhig, gewaltsam, überstürzt; einem Strom ähnlich, der ans Ende will.«

Der Mensch, den er erträumte, sollte ohne Mitleid sein. »Seid mir gewarnt vor dem Mitleiden: daher kommt noch den Menschen eine schwere Wolke!« Und: »Solchen Menschen, welche mich etwas angehn, wünsche ich Leiden, Verlassenheit, Krankheit, Mißhandlung, Entwürdigung, – ... ich habe kein Mitleid mit ihnen, weil ich ihnen das einzige wünsche, was heute beweisen kann, ob Einer Wert hat oder nicht, – daß er standhält.« Als der 44jährige

sah, wie ein Droschkenkutscher brutal auf sein Pferd einschlug, brach er in Tränen aus und warf sich dem mißhandelten Tier um den Hals . . .
Es zeigte sich, daß dies ein völliger geistiger Zusammenbruch war, von dem er sich nicht wieder erholen sollte. Noch gut zehn Jahre lebte er in geistiger Umnachtung, von Mutter und Schwester allzu ängstlich abgeschirmt.

Wer war's?

16 *Lebte dreißig Jahre hinter Gittern*

Mit vierzehn Jahren, als Tertianer, versuchte er, von zu Hause auszureißen. Er wollte es nicht mehr mitansehen, wie sein Vater, der zum Trinker geworden war, die Familie tyrannisierte und immer häufiger die Mutter schlug. Sein Fluchtversuch erfolgte unvorbereitet. Nach einem Familienstreit rannte er Hals über Kopf davon, ohne sich auch nur richtig angezogen zu haben. Widerrechtlich versorgte er sich bei einem Nachbarn mit den notwendigen Kleidungsstücken, und so machte er sich auf den Weg in die Freiheit. Doch nach nur drei Tagen brachte die Polizei ihn wieder nach Hause.

Da es zu seiner Zeit noch kein Jugendstrafrecht gab – heute wäre die Entwendung jener Kleidungsstücke eine Bagatelle gewesen –, wurde er wie ein Erwachsener behandelt und erhielt wegen Diebstahls eine mehrwöchige Gefängnisstrafe. Damit galt der Vierzehnjährige als vorbestraft, und was das bedeutete, wurde ihm schnell klar: Die Oberrealschule warf ihn hinaus.

Er lernte ein Handwerk, aber die Zeit der Wanderschaft, die den Lehrjahren folgte, endete im Zuchthaus. Er hatte Postanweisungen gefälscht. Als er einmal drei Taler bekommen sollte, hatte er vor die Drei eine Zwei gesetzt, so daß man ihm 23 Taler auszahlte. Weil das beim erstenmal so gut ging, hatte er den Versuch noch einige Male mit Erfolg wiederholt. Dann aber wurde er geschnappt. Insgesamt hatte er sich auf diese Weise knapp 200 Taler ergaunert. Deswegen oder vielmehr – wie es im Urteil hieß – »wegen schwerer Urkundenfälschung und betrügerischer Absicht in wiederholten Fällen« und weil er vorbestraft war, wurde er zu zehn Jahren Zuchthaus und fünfzehnhundert Talern Geldstrafe oder zwei weiteren Jahren Zuchthaus verurteilt. Da er die Geldstrafe nicht zahlen konnte, saß er zwölf Jahre Zuchthaus ab, davon die ersten drei in Einzelhaft.

Als er entlassen wurde, war er dreißig. Sein Handwerk war kaum noch gefragt, schon gar nicht der ehemalige Zuchthäusler. Er machte noch einmal eine Lehre durch, fand danach auch Arbeit, doch war es damit wieder vorbei, als den Kollegen seine Vergangenheit bekannt wurde. Deswegen ging er ins Ausland, und wenn er seine Arbeitsstellen auch ziemlich häufig wechselte, schien nun doch alles in Ordnung.

Aber als der Vierzigjährige in sein Vaterland zurückkehrte, geriet er wieder in eine dumme Geschichte. Verdächtigt, eine Serviette, einen Kamm und einen eisernen Haken gestohlen zu haben – was er entschieden bestritt –, wurde der so schwer Vorbestrafte zu einem Jahr Gefängnis verurteilt.

Nach jenem Jahr und einem zusätzlichen Monat Gefängnis, zu dem er wegen einer Bagatellsache verurteilt worden war, ließ er sich von einem ehemaligen Mithäftling zu einem Einbruch in eine Gerichtskasse überreden. Während der Tat wurden die beiden festgenommen. Ein Landgericht verurteilte ihn zu fünfzehn Jahren Zuchthaus und zehn Jahren Ehrverlust. Als er auch diese lange Strafe voll verbüßt hatte, war er 57 Jahre alt; mehr als 28 Jahre hatte er in Gefängnissen und Zuchthäusern verbracht. Trotz intensiver Bemühungen war es ihm jetzt ganz und gar unmöglich, irgendwo Arbeit zu finden. Kein Land, keine Stadt, keine Gemeinde wollte ihn aufnehmen. Überall wurde er ausgewiesen.

Und dann versuchte er, »ein Ding zu drehen«, das ihn aus dem ganzen Schlamassel herausbringen sollte. Die Idee war überraschend einfach, aber einmalig und geradezu unerhört. Die Ausführung war meisterhaft. Die finanzielle Ausbeute bestand zwar nur in 4000 Mark, von denen man die Hälfte noch bei ihm fand, als man ihn wenige Tage später verhaftete. Und der Erfolg schien zunächst nur in einer vierjährigen Gefängnisstrafe zu bestehen. Tatsächlich aber machte ihn jene Tat, die – so hieß es in der

Urteilsbegründung – einer ganz ungewöhnlichen verbrecherischen Energie entsprungen sei, mit einem Schlage weltberühmt. Und, was für den alten Zuchthäusler etwas ganz Neues war, allen Menschen schien er plötzlich sympathisch, ja liebenswert. Man schickte ihm Lobbriefe und Geschenke ins Gefängnis, sammelte für ihn Geld, und sogar Heiratsanträge wurden ihm gemacht. Eine Schriftstellerin erklärte, ihm bis ans Ende seines Lebens eine Rente zahlen zu wollen, und zwar zunächst, während der Zeit der Strafverbüßung, monatlich fünfzig Mark, nach der Entlassung doppelt soviel; so solle vermieden werden, schrieb sie einem seiner Anwälte, daß der »tragische Held« je wieder auf die schiefe Bahn komme.

Zum erstenmal mußte er eine Strafe nicht voll verbüßen. Noch ehe die Hälfte der Zeit vorüber war, wurde er begnadigt. Und noch immer war er der große Held, ja erst jetzt konnte er richtig gefeiert werden. Um Arbeit brauchte er sich nicht mehr zu bemühen. Es genügte, daß er – was die Polizei anfangs mit größtem Mißtrauen beobachtete – von Ort zu Ort fuhr und sich den Leuten einfach zur Schau stellte. Die ganze Welt wollte ihn sehen, und so reiste er auch ins Ausland und sogar nach Amerika und Kanada. Überall rissen sich die Gastwirte um ihn, denn seine Anwesenheit garantierte ein volles Haus und hohe Umsätze. Er saß unterdessen an einem Tisch, beantwortete Neugierigen ihre Fragen und verkaufte Postkarten mit seinem Bild, die er signierte.

Seine Einnahmen müssen recht gut gewesen sein. Er erhöhte sie noch, indem er seine Biographie schrieb, ein 153 Seiten starkes Buch, das sich gut verkaufte. Alles in allem hatte er bald so viel verdient, daß er sich zur Ruhe setzen und sein letztes Jahrzehnt von seinem Kapital leben konnte. Nicht mehr erlebt hat er, daß ein Dichter ihn zu einer unsterblichen Bühnengestalt gemacht hat.

Wer war's?

17 *Orgien, die gar nicht stattfanden*

Es schien, als solle er immer der Zweite bleiben. Oder sogar nur der Dritte. Seit seiner Kindheit stand er im Schatten anderer, zunächst seines jüngeren Bruders, der das freundliche, strahlende, menschengewinnende Wesen der Mutter geerbt hatte. Zwar sah er sehr gut aus, aber er wirkte schroff und abweisend, worüber sein Stiefvater sich oft beklagte und deswegen den jüngeren Stiefsohn vorzog.
Schon bald hielt man für Arroganz, was in Wirklichkeit nur einem lebenslangen Mangel an Kontaktfähigkeit entwuchs. Er war scheu, grüblerisch, verschlossen, skeptisch. Er neigte zu spöttischen Bemerkungen, obgleich oder gerade weil er kein glänzender Redner war, wohl aber die Reden anderer leicht durchschaute; er war zu klug und zu gebildet, um sich von bloßer Rhetorik, die zu seiner Zeit eine dominierende Rolle spielte, blenden zu lassen. Er war sachlich, kühl, überlegen.
Gerade seine Vorzüge mögen den Stiefvater insgeheim gewurmt haben. Denn er, der Vater, war zwar der mächtigste Mann der Welt und ließ sich verehren wie ein Gott – was jedoch seine Herkunft betraf, so war sie weniger vornehm als die seines Adoptivsohns; gegen ihn schien er fast ein Empor-

kömmling. Dabei hat der Sohn den Vater vor allem wegen jener Gaben bewundert, die ihn nach oben, an die erste Stelle gebracht hatten, die kraftvolle, rasche Art des Zupackens. Denn er selber war langsam, zögernd, insbesondere dann, wenn es galt, Angriffe abzuwehren.

Und er war überaus verletzlich. Das zeigte sich immer wieder. Etwa als seine junge (zweite) Frau, die er auf Befehl seines Stiefvaters hatte heiraten müssen, ihn, während er über längere Zeit von zu Hause fort war, schamlos betrog und schließlich – so hieß es – für jeden Mann zu haben war. Er erfuhr davon, griff aber nicht ein. Er zog sich einfach zurück – nicht nur von seiner Frau, von der er geschieden wurde, sondern aus dem ganzen politischen und gesellschaftlichen Leben der Hauptstadt, wo so viele seinen Vater umschmeichelten. Für sieben Jahre ging er auf eine Insel, um dort gleichsam als Privatmann zu leben, indem er sich vorzugsweise mit Geschichte und anderen Wissenschaften beschäftigte.

Nachdem er aus dem freiwilligen Exil zurückgekehrt war, zögernd und inzwischen schon Mitte vierzig, wurde er, wie auch schon zuvor, wieder als Offizier eingesetzt. Im Norden des Reiches hat er sich als Armeeführer große Verdienste erworben. Seine Erfolge als Feldherr, die nie auf Kosten seiner

Truppen und auch nicht der unterworfenen Völker erzwungen wurden, hatten zur Folge, daß der Stiefvater ihn allmählich näher an sich heranzog und ihn schließlich zu seinem Stellvertreter machte. Hinzu kam allerdings, daß so viele andere, die in der Rangfolge vor ihm gestanden hatten, inzwischen ums Leben gekommen waren, auch sein jüngerer Bruder.

Als er seinem Vater, der mit 77 Jahren starb, dann tatsächlich nachfolgte und dessen schweres Erbe übernahm, war er 55 Jahre alt. Seinem Charakter entsprechend verfolgte er eine Politik der Verständigung, der Mäßigung, des Bewahrens. Schon immer war er der Meinung gewesen, daß mit dem Erobern neuer Gebiete Schluß gemacht werden solle. Bei vielen aber stieß er mit seiner Friedenspolitik auf Widerstand. Und als sein aktivster Feldherr, ein entschiedener Anhänger der Eroberungspolitik – es war der Sohn seines jüngeren Bruders und sein designierter Nachfolger – auf rätselhafte Weise ums Leben kam, wurde gegen ihn eine gehässige Hetzkampagne entfesselt. Es wurde behauptet, er habe seinen Neffen, der im Volk außerordentlich beliebt war, ermorden lassen.

Das war der Anfang einer langen Reihe von Verdächtigungen und Verleumdungen gegen ihn, die ihren Höhepunkt jedoch erst nach seinem Tode erreichte. In seiner Empfindlichkeit durch jene »Mord-Legende«, die selbst durch einen Prozeß nicht ganz ausgeräumt wurde, zutiefst getroffen, angeekelt vor allem aber auch durch das Kriechertum der ihn umgebenden Politiker, zog sich der 68jährige müde und enttäuscht ein zweites Mal aus der Hauptstadt zurück. Wieder ging er auf eine Insel und leitete von da aus die Regierungsgeschäfte. Später aber hat man gesagt, er habe sich nur deswegen auf die Insel geflüchtet, um dort »insgeheim schrecklichen Lüsten zu frönen«.

Einige Jahre nach seinem Tode – er starb im Alter von 78 Jahren – berichtete ein Schriftsteller ausführlich, wie er sich auf jener Insel ein »mit Polsterbänken ausgestattetes Lokal als Ort für geheime Ausschweifungen« erdacht habe, wo »Scharen von überallher zusammengesuchter Mädchen und Lustknaben« vor seinen Augen unzüchtige Handlungen begehen mußten. »Aber man sagte ihm noch größere Schändlichkeiten nach«, heißt es dann weiter, »so daß man es kaum zu berichten oder zu hören, geschweige denn zu glauben wagt.«

Doch man hat es geglaubt. Immer wieder wurde von seinen angeblich unbeschreiblichen Lastern erzählt und von seinen Orgien. Hinzuerfunden wurde sein maßloser Blutrausch, dem so viele Menschen, ja ganze Familien zum Opfer gefallen seien. Noch heute wird staunenden Touristen eine jener Hinrichtungsstellen gezeigt, wo jene Unglücklichen, die ihm aus nichtigen Gründen nicht genehm waren, nach langen Martern einen Felsen hinabgestürzt wurden, um unten mit Knüppeln erschlagen oder an Haken zu Tode geschleift zu werden. Und von einer Grotte ist die Rede, in der er Knaben und Mädchen, nachdem er mit ihnen »gespielt« habe, eigenhändig erwürgt haben soll.

18 *Von Frauen geradezu verfolgt*

Als Junge baute er einmal ein großes Fliegenhaus, aus Ton, ein Haus nach dem Vorbild wirklicher Häuser: mit Zimmern und Kammern, mit Fenstern, Kaminen und Treppen. Als es fertig war, fing er Fliegen, um sie darin wohnen zu lassen. Er malte sich aus, wie glücklich sie in ihrem Haus sein müßten, wie geborgen und sicher vor der feindlichen Welt. Es war eine Vorstellung von Glück und Glückseligkeit, wie sie vielen Kindern kommen mag, doch hatte sie in seinem Fall etwas Besonderes, nämlich daß sie bei ihm ein Leben lang vorhielt.

Freilich handelte es sich in seinem späteren Leben nicht mehr um Fliegen, die er glücklich wissen wollte – wenngleich auch der Mann noch eine ausgeprägte Liebe zur Kleintierwelt hatte: er hielt sich Mäuse, eine Kreuzspinne, Laubfrösche, einen Kanarienvogel, ein Eichhörnchen. Sondern um Menschen ging es später, die allerdings nicht in der Realität, aber doch in der Phantasie und in seinen Werken existierten. Auch sie ließ er im kleinen, abgegrenzten Bereich, in der Idylle, glücklich sein; er stellte sie dar als stillvergnügte Helden des Alltags, als fröhliche Lebenskünstler.

Das Vorbild seiner glücklichen Gestalten war eigentlich er selber. Da war es indessen nicht mehr nur Traum, denn bei den finanziellen Schwierigkeiten, in denen er als junger Mensch steckte, bedeutete es schon eine beachtliche Leistung, einigermaßen bei Laune zu bleiben. Immer ist es ihm auch nicht gelungen. Als Student der Theologie – weil die Mutter kein Geld hatte (der Vater war schon gestorben), wurden ihm die Studiengebühren erlassen – war er zeitweise recht verbittert. Anfangs ärgerte er sich nur über das Promenadenstutzertum, das an der Universität vorherrschte, und um seinen Protest allen deutlich zu machen, trug er sein Haar lang und ungebunden und ging mit bloßem Hals durch die Straßen, wodurch er zu einem öffentlichen Ärgernis wurde. Doch tat das seiner Fröhlichkeit keinen Abbruch. Das änderte sich erst, als ihm trotz größter Sparsamkeit die Schulden über den Kopf wuchsen. Schuhmacher und Wäscherin drängten auf Bezahlung, und seine Wirtin vertrieb ihm mit der täglichen Frage, ob das »Geldschiff« noch immer nicht angekommen sei, jeden Mittag den Appetit.

Er geriet schließlich in solche Not, daß er als einzigen Ausweg nur noch die Flucht sah. Unter anderem Namen und, um nicht erkannt zu werden, mit wieder normaler Haarfrisur, verließ er heimlich die Stadt und kehrte zurück zu seiner Mutter, die sich und seine vier jüngeren Brüder, aus denen nichts

Rechtes werden wollte, notdürftig durch unentwegtes Arbeiten am Spinnrad ernährte. Um die Notlage der Familie nicht noch mehr zu vergrößern, nahm er eine Stelle als Hauslehrer an. Zehn Jahre lang unterrichtete er Kinder von Kaufleuten und Gutsbesitzern der Umgebung.

Nebenher aber ließ er seinen Träumen freien Lauf, das heißt er schrieb. Und zwar bald mit so großem Erfolg, daß der 33jährige sich als den meistgelesenen Schriftsteller in Deutschland bezeichnen konnte. Seine Träume waren also auch die geheimen Träume der anderen. Besonders der Frauen.

Viele Frauen interessierten sich bald nicht mehr nur für seine Gestalten, sondern für ihn selber. Auffallend viele verliebten sich in ihn, und mehrmals wurde ihm sogar von Verheirateten das Angebot gemacht, sich scheiden zu lassen und mit ihm eine neue Ehe einzugehen. Eine, die ihm nachreiste, als er in eine andere Stadt zog, brachte ihn so weit, daß er ihr die Ehe versprach; doch nahm er das Versprechen fünf Wochen darauf wieder zurück, was die Frau indessen nicht hinderte, noch eine Zeit in seiner Nähe zu bleiben, ja ihm auf einer Reise zu folgen, wodurch sie ihm höchst lästig wurde.

Was ihn grundsätzlich störte, war, sich für eine einzige entscheiden zu sollen. Er konnte nicht nur eine Frau lieben, nicht nur ein einziges Mädchen –

er liebte alle, weil er sie alle idealisierte und dabei die Wirklichkeit außer acht ließ. Dennoch wollte er schließlich heiraten, und der 36jährige verlobte sich mit einer zehn Jahre jüngeren Gutsbesitzerstochter. Doch schon nach wenigen Monaten wurde die Verlobung wieder gelöst. Ein Jahr danach – inzwischen hatte er von anderen Frauen Anträge erhalten und abgewiesen – heiratete er ein junges Mädchen. Auch diesmal war der Antrag nicht von ihm ausgegangen. Auf einer Gesellschaft war das junge Mädchen seine Tischdame gewesen; zwei Tage darauf schrieb sie ihm, daß sie in demütiger Liebe zu ihm aufblicke – er habe in ihr alles Gute, das eingeschlummert gewesen sei, zu neuem Leben erweckt.

Die Ehe, aus der mehrere Kinder hervorgingen, war nur zu Beginn glücklich. Dann kamen, jedenfalls für die Frau, weniger erfreuliche Jahre. Was die Frau verdroß, waren seine Seelenfreundschaften mit vielen anderen Frauen, auf die er auch jetzt nicht verzichten konnte.

Im letzten Jahrzehnt seines Lebens (er wurde 62 Jahre alt) ist er viel gereist. Wohin er kam, wurde er geehrt und gefeiert, der große Zauberer der Sprache, der so viele Einsame, Enttäuschte, Unglückliche in seine tröstliche Traumwelt geführt hatte – »Komm, liebe müde Seele, die du etwas zu vergessen hast, entweder einen trüben Tag oder ein überwölktes Jahr oder einen Menschen, der dich kränkt, oder einen der dich liebt, oder eine entlaubte Jugend oder ein ganzes schweres Leben; und du, gedrückter Geist, für den die Gegenwart eine Wunde und die Vergangenheit eine Narbe ist, komm in meinen Abendstern und erquicke dich mit seinem kleinen Schimmer.«

Wer war's?

19 *Die Sieben schien ihm bedeutsam*

Alle waren zu jenem Faschingsabend kostümiert erschienen – er allein machte eine Ausnahme: er blieb im normalen evening dress. Doch trug er dazu einen auf groteske Weise kontrastierenden Maskenkopf.

»Ich sehe ihn noch heute so deutlich, wie photographiert, vor mir«, erzählt sein jüngerer Bruder: »In einem vorbildlichen Frack mit geknöpften Lackstiefeln (die man damals trug), weißen Glacés und Chapeau claque. Der Abendanzug kleidete seine schlanke Figur ausgezeichnet. Über korrekter Schleife und hohem Kragen aber saß der schauerlich lächelnde Kopf eines jungen Vollidioten mit Schielaugen, aufgestülpter Nase, übermäßig blöde geöffneten Wulstlippen, Pferdezähnen und einer affenartig niederen Stirn unter wirrem Haar ... Seine Bewegungen waren die eines eleganten und gemessenen Frackherrn, so daß ihm von rückwärts kaum etwas Außergewöhnliches anzusehen war. Wendete er sich aber nur halb, so konnte man Schreikrämpfe bekommen. Und wenn er in der gesammelten Haltung eines Salonlöwen wortlos auf dem Seidensofa saß, dabei mit schiefem Kopf das Schmierlächeln einer Dame zuwandte, selbstvergessen langsam einen Glacéfinger hob, um sich am klaffenden Nasenloch zu kratzen, und plötzlich mit glucksendem Kichern den Klapphut herausknallen ließ, lallten die Leute nur noch.«

Was sich hier als lustiger Faschingseinfall eines jungen Mannes gibt, könnte auch als ein Grundmotiv seines späteren Werkes gedeutet werden: die Brüchigkeit, ja Fragwürdigkeit der bürgerlichen Existenz. Allzuvieles, das äußerlich gesund schien, enthüllte sich ihm bei näherem Hinsehen als morbide. Oder war er selber es, der den Dingen zum Tode verhalf? Manchmal jedenfalls meinte er – so berichtet einer seiner Söhne –, »daß die Verhältnisse, die Dinge, die er beschrieb, vollendet oder todesreif waren, eben weil er sie beschrieb ...« So starb sein Lieblingshund gerade zu jener Zeit, da er ihn porträtierte und zum »Helden« einer Erzählung machte.

Dabei lag sein Ziel eigentlich in entgegengesetzter Richtung. Er wollte – so schrieb der 61jährige in einer weltberühmt gewordenen Antwort an eine deutsche Universität, die ihn aus der Liste ihrer Ehrendoktoren gestrichen hatte – »ein wenig höhere Heiterkeit in die Welt tragen«.

Um das zu verwirklichen, brauchte er für seine Arbeit Ruhe, Sicherheit, Frieden. »Was ist Arbeitsstimmung?« fragte er einmal und antwortete:

»Stimmung ist ausgeschlafen sein, ist gute Bücher, ist gute Luft, ist wenig Menschen, ist Friede, Friede.«

Unter Zeitdruck konnte er nicht arbeiten, unter politischem Druck nicht leben. Als sich in seinem Land ein diktatorisches System manifestierte, dessen verbrecherischen Einschlag er frühzeitig erkannte, ging er ins Exil. Es war für ihn ein schwerer Schritt – nicht nur weil er dabei sein Haus mit der gesamten Einrichtung, seine Bücher und den größten Teil seiner Ersparnisse verlor.

Obgleich er sein Werk nie unter dem Gesichtspunkt kommerziellen Gewinns konzipierte, war er doch so erfolgreich, daß der finanzielle Verlust bald wieder eingeholt war. Geldsorgen blieben ihm nahezu unbekannt, nicht weil er zu allen Zeiten immer genügend Geld gehabt hätte, sondern weil er sich für Geld kaum interessierte. »Er hatte keine Ahnung davon, wieviel er besaß und ob er etwas besaß«, schreibt sein Sohn; »war meine Mutter einmal verreist, so kam es buchstäblich vor, daß er sich Geld leihen mußte, weil er nicht wußte, auf welcher Bank seines denn war.«

Weil ihm die Zahl 7 für sein Leben bedeutsam schien – wie bei Goethe, den er in manchem zu einer Art Leitbild machte, spielte auch bei ihm ein wenig Aberglauben mit –, hatte er prophezeit, mit 70 zu sterben. Kurz nach seinem 71. Geburtstag wurde er in einem Interview darauf angesprochen. Er antwortete, daß er zwar noch lebe, aber doch gerade sehr krank gewesen sei; ein Lungenkrebs war bei ihm festgestellt worden. Prophezeiungen, meinte er, könnten sich also auch halb und andeutungsweise erfüllen. Sein von ihm vorausgesagtes Todesdatum hat er um zehn Jahre überlebt – fast bis zum letzten Tage arbeitend.

Wer war's ?

20 *»Denn man stirbt nicht an Kummer ...«*

Sie saß daheim und wartete auf Nachricht von ihrem Geliebten, der seit einigen Wochen in Haft war. Aus dem Gefängnis hatte er ihr geschrieben: »Sie werden mein letzter Gedanke sein ... Ach, teures Herz! Warum kann ich nicht allein mit Ihnen in irgendeiner Wüste sein! ... Ich küsse Sie tausend, tausend Male. Leben Sie wohl, teures Herz!«
Sie wußte, daß er an diesem Tag in die Hauptstadt gebracht wurde, wo ihm der Prozeß gemacht werden sollte. Es war ein milder Spätsommerabend, und sie hatte die Fenster weit geöffnet. Da hörte sie rasch näherkommendes Grölen, Schreien, Singen. Eine wüste Menge war in ihren Park eingedrungen, stand jetzt schon vor den Fenstern. Etwas wurde zu ihr in den Raum geworfen, rollte über den Parkettboden auf sie zu, blieb dann liegen. Voller Entsetzen erkannte sie, daß es ein menschlicher Kopf war. Es war der Kopf ihres Geliebten. Einige Stunden zuvor war ihr Freund auf dem Transport in die Hauptstadt erschlagen und grausam verstümmelt worden. Ohnmächtig sank sie zusammen.
Tage später schrieb sie in einem Brief: »Das fürchterliche Verbrechen ist nun vollzogen worden, und ich werde in ewiger Trauer leben. Dem Entsetz-

lichen und den Greueltaten, die mich umgeben, zum Trotz bin ich gesund geblieben. Denn man stirbt nicht an Kummer ...«

Die 50jährige, die das Leben so sehr liebte, scheint überhaupt noch nicht ans Sterben gedacht zu haben, obwohl in dieser Zeit so viele ihrer alten Freunde und Bekannten, aber auch ihrer ehemaligen Gegner das Leben lassen mußten. Seit Jahren bemühte sie sich hartnäckig um die Wiedergewinnung ihrer millionenschweren Juwelen, die ihr eines Nachts gestohlen worden und dann im Ausland wieder aufgetaucht und dort beschlagnahmt worden waren. Schon dreimal hatte sie in jenes Land reisen müssen, um den Schmuck zu identifizieren und ihre Eigentumsrechte nachzuweisen. Jetzt, einen knappen Monat nach dem Tode ihres Geliebten, reiste sie ein viertes Mal.

Und wieder, wie schon bei den Reisen zuvor, erregte ihr Aufenthalt im Ausland Aufsehen. Zwar lebte sie seit fast zwei Jahrzehnten in stiller Zurückgezogenheit, aber man hatte nicht vergessen, daß sie in jungen Jahren eine glänzende und mächtige Rolle gespielt hatte. Noch immer gab es viele Neugierige, die diese Frau sehen wollten, die jahrelang im Mittelpunkt von Intrigen, Klatsch, Neid und Verleumdungen gestanden hatte und von deren Schönheit so oft geschwärmt worden war.

»Obwohl die erste Blüte und Frische ihres Liebreizes längst vergangen waren, war noch immer genug davon übriggeblieben, daß man sich vorstellen konnte, wie berückend sie einst gewesen war«, schrieb jetzt ein Beobachter. »Sie hatte blaue Augen mit einem Ausdruck von größter Lieblichkeit, und ihr Haar war kastanienfarben. Sie hatte eine elegante, ja edle Gestalt und bewegte sich, trotz einer gewissen Neigung zur Fülle, mit Geschmeidigkeit und Grazie ... Sie hatte in keiner Weise etwas Gewöhnliches an sich, geschweige denn etwas Gemeines.«
Dreißig Jahre früher, als sie sich eben anschickte, aus dunkelsten Anfängen ihre Karriere zu beginnen, hieß es in einem Polizeibericht über sie: »Sie ist neunzehn Jahre alt, hochgewachsen, wohlgebildet, ihr Aussehen kann für vornehm gelten, und insonderheit die Schönheit ihrer Gesichtszüge springt ins Auge.«
Und ein Fürst gab von ihr diese Beschreibung: »Sie ist von schönster Bildung und hat den bezauberndsten, hellsten Teint. Ihre Stirn ist hoch, ihre Augen strahlen, sie hat köstliche Wimpern und Brauen, ihr Gesicht ist oval und weist Grübchen in den Wangen auf, wodurch ihre Schönheit nur erhöht wird, ihr Mund scheint ständig zu lächeln, und ihr Busen ist so herrlich, daß jede andere Frau gut daran tut, den Vergleich damit zu scheuen.«

Es war nicht allein ihre Schönheit, die sie einen so glänzenden, von vielen beneideten Weg machen ließ. Hinzu kamen ihr Charme und die Fähigkeit, niemals Langeweile aufkommen zu lassen. Langeweile wurde zu ihrer Zeit mehr gefürchtet als der Tod. Hinzu kam aber noch etwas anderes, das auf solchem Wege eigentlich eher hinderlich sein dürfte, ihr indessen wirklich gegeben schien, denn auch viele ihrer Gegner haben es eingestanden: ihre Herzensgüte, ihre ständige Hilfsbereitschaft, ihr – wie einige sagten – völliger Mangel an Bosheit.

Nachdem sie die Angelegenheit mit den Juwelen geregelt hatte, kehrte sie in ihre Heimat zurück, obgleich dort chaotische Zustände herrschten und Freunde sie gewarnt hatten. Sie fand ihren Besitz beschlagnahmt. Und jetzt mußte sie nicht mehr nur um ihre gestohlenen Juwelen kämpfen, sondern um alles, was sie einst besessen – schließlich um das nackte Leben. Sie kämpfte voller Verzweiflung, aber vergebens. Man machte ihr den Prozeß, den sie – wie so viele andere Leute auch – verlieren mußte. Und an einem kalten Dezembertag wurde ihr unter dem Jubel zahlreicher Zuschauer der Kopf abgeschlagen.

Wer war's?

21 *Eingespannt in eine Tretmühle*

Es war Weihnachten. Zum erstenmal verbrachte der 28jährige, der sonst so viel Wert auf eine kultivierte Umgebung legte, das Fest nicht daheim und unter nicht gerade angenehmen Umständen. »Ich bin zu müde, um auf Ihre reizenden Verse zu antworten, und zu sehr ausgefroren ...«, schrieb er in einem Brief; »wollen Sie etwas von meiner Lebensart erfahren? Wir marschieren von 7 Uhr früh bis 4 Uhr nachmittags. Dann esse ich zu Mittag, danach arbeite ich und empfange langweilige Besuche, dann folgt eine Menge geschmackloser Geschäfte: es gilt, schwierige Menschen zurechtzusetzen, Hitzköpfe zu zügeln, Faulpelze anzutreiben ..., Raubsüchtige in den Grenzen des Rechts zu halten, Schwätzer anzuhören ... So sind meine Beschäftigungen; herzlich gern würde ich sie einem andern abtreten, wenn nicht dieses Phantom, Ruhm genannt, mir zu oft erschiene ...«

In einem übertrieb er: Tatsächlich hätte er jene Beschäftigungen keineswegs »herzlich gerne« einem anderen überlassen. Jedenfalls jetzt noch nicht. Noch war der Reiz des Neuen allzu groß; erst seit einer Woche steckte er in diesem Abenteuer, in das er sich (aber nicht nur sich allein) Hals über Kopf gestürzt hatte. Und wenn er seine Müdigkeit anführt und daß er »ausgefroren« sei, dann steckt darin ein gut Teil Koketterie: er möchte seinem zwanzig Jahre älteren Briefpartner, dessen Überlegenheit auf anderem Gebiet er mehr als einmal hatte eingestehen müssen, jetzt die eigene, für jenen unerreichbare Stellung andeuten. Es ist also die größere, die ernstere, die aktuellere Aufgabe, die ihn hindert, auf jene »reizenden Verse« zu antworten; Marschieren ist jetzt wichtiger als Reimeschmieden, die Zeit der Tändeleien ist vorüber. – Das war es, was er zu verstehen gab. Und noch dies wollte der Ruhmbegierige andeuten: daß der wahre Ruhm nicht durch Worte, sondern allein durch Taten zu gewinnen sei.

Das schien neu zu sein. Bis dahin hatte er gerade das Gegenteil behauptet und solche Taten, zu denen er sich jetzt anschickte, als Illusionen abgetan, als »das trügerische Phantom eines eitlen Ruhms«. Begeistert hatte sein Briefpartner überall von ihm verkündet, »welch ein Jünger« er sei: »Er liebt nur das Wissen und die Tugend ...« Wirklich schien ihm Wissenschaft das Höchste im Leben. Für Bücher hatte schon der Fünfzehnjährige siebentausend Taler Schulden gemacht; insgeheim hatte er sich eine Bibliothek von nahezu viertausend Bänden angeschafft! Ein Teil des Geldes war allerdings für etwas anderes ausgegeben worden, und zwar für Kleidung. Weil er stets und ständig Uniform tragen sollte, die er haßte – er nannte sie den »Sterbekittel« –, hatte er sich teure Zivilkleidung machen lassen, die er aber nur heimlich tragen konnte.

Jetzt trug er wieder Uniform. Aber freiwillig. Er marschierte gegen jene, die sich einmal mit Nachdruck für sein Leben eingesetzt hatten und denen er versprochen hatte, »lebenslang ... aufrichtige und überzeugende Proben« seiner »schuldigen Ergebenheit« und seines »hohen patriotischen Eifers« zu zeigen.

War er unaufrichtig? Die Antwort hat er selber gegeben: »Niemand ist Herr seines Geschicks; wir werden geboren und haben eine Rolle zu spielen, die uns oft genug nicht gefällt. An uns ist es dann, unsere Aufgabe so gut wie möglich zu erfüllen.« Und ein anderes Mal: »Wenn ich meiner Neigung folgen könnte, würde ich mich ganz einem eingezogenen Leben widmen. Das Unglück ist, daß man in eine Art Tretmühle eingespannt ist, aus der man sich nicht befreien kann ...«

Wieder war Weihnachten. Acht Jahre waren inzwischen vergangen. Da schrieb er: »Ich bin dieses Leben müde, der ewige Jude ist es weniger gewesen als ich ...« Aber noch 38 Jahre blieb er in seiner »Tretmühle« ...

Wer war's?

22 *Schlief nie ohne Degen und Pistolen*

Der junge Mann nannte als sein Ziel, das Leben damit hinzubringen, über das Leben nachzudenken. Dabei verschwieg er nicht, daß das Ergebnis seines Nachdenkens für ihn bereits feststand: »Das Leben ist eine mißliche Sache«, sagte er.

Weil er von seiner pessimistischen Anschauung zutiefst durchdrungen war, scheint ein Zusammenleben mit ihm zumindest schwierig gewesen zu sein. Der Mutter war es geradezu unmöglich. In einem Brief schrieb sie ihm:

»Ich habe dir immer gesagt, es wäre sehr schwer mit dir zu leben, und je näher ich dich betrachte, desto mehr scheint diese Schwierigkeit, für mich wenigstens, zuzunehmen ... Ich verkenne dein Gutes nicht, auch liegt das, was mich von dir zurückscheucht, nicht in deinem Gemüt, nicht in deinem Innern, aber in deinem äußeren Wesen, deinen Ansichten, deinen Urteilen, deinen Gewohnheiten – kurz, ich kann mit dir in nichts, was die Außenwelt angeht, übereinstimmen. Auch dein Mißmut ist mir drückend und verstimmt meinen heiteren Humor. Sieh, ... du bist nur auf Tage bei mir zum Besuch gewesen und jedesmal gab es heftige Szenen um nichts und wieder nichts, und jedesmal atmete ich erst frei, wenn du weg warst, weil deine Gegenwart, deine Klagen über unvermeidliche Dinge, deine finstern Gesichter, deine bizarren Urteile, die wie Orakelsprüche von dir ausgesprochen werden, ohne daß man etwas dagegen einwenden dürfte, mich drückten... An meinen Gesellschaftstagen kannst du abends bei mir essen, wenn du dich dabei des leidigen Disputierens, das mich auch verdrießlich macht, wie auch alles Lamentierens über die dumme Welt und das menschliche Elend enthalten willst, weil mir das immer eine schlechte Nacht und üble Träume macht und ich gern gut schlafe.«

In einem Punkt hätte sie aber besser getan, doch auf ihn zu hören; er betraf das nachgelassene väterliche Vermögen, das die Mutter ohne Sicherheiten einem großen und angesehenen Handelsunternehmen anvertraut hatte. Sein grundsätzliches Mißtrauen gegen alle Menschen hatte ihn veranlaßt, einen großen Teil seines Erbes anders anzulegen. Das war sein Glück. Denn jenes Handelshaus machte eines Tages bankrott, und seine Mutter und seine Schwester verloren ihr gesamtes Vermögen. Er hingegen hatte soviel gerettet, daß er, der sich zum Erwerb gänzlich unfähig fühlte, auch weiterhin nicht darauf angewiesen war, Geld zu verdienen. Durch große Sparsamkeit gelang es ihm sogar (er hatte immer nur für sich selber zu sorgen), sein rest-

liches Vermögen noch zu vergrößern, indem er jeweils nur einen Teil der Zinsen verbrauchte.
Nie aber verließ ihn die Furcht, er könne erneut betrogen oder bestohlen werden. Um sich vor Dieben zu schützen, versteckte er seine Wertsachen in der Wohnung so, daß sie nach seinem Tode trotz einer (allerdings lateinisch geschriebenen) hinterlassenen Suchanleitung nur schwer zu finden waren. Seine Wertpapiere verwahrte er unter der irreführenden Aufschrift »Arcana medica«; seine Zinsabschnitte steckte er in alte Briefe und Notenhefte; sein Rechnungsbuch führte er in Englisch, und für besonders wichtige geschäftliche Notizen wählte er Latein und Griechisch. Und nachts schlief er nur mit einem Degen und einer stets geladenen Pistole neben sich.
Aber nicht nur im Hinblick auf sein Vermögen war er ängstlich. Er rechnete immer und überall mit dem Schlimmsten. Schon den Jüngling quälten über Jahre hin eingebildete Krankheiten. Während seines Studiums glaubte er lange Zeit, er leide an Auszehrung. Besonders fürchtete er sich vor Anstekkung. Deswegen trug er immer einen Lederbecher bei sich, um in öffentlichen Lokalen nicht die allgemeinen Trinkgefäße benutzen zu müssen. Aus Neapel vertrieb ihn einmal die Furcht vor den Blattern. Aus einer anderen Stadt, in der er lebte und

lehrte, floh er vor der Cholera und wählte sich dann eine Stadt als Wohnsitz, die er für »cholerafest« hielt. Wie viele seiner Zeitgenossen fürchtete auch er, lebendig begraben zu werden. Deswegen verfügte er, daß seine Leiche über die gewöhnliche Zeit hinaus offen beigesetzt werden solle.
Seine Ängstlichkeit und sein Mißtrauen, die ihn allerdings niemals abhielten, den Menschen seine Meinung über sie und die Welt, seine Verachtung, deutlich zu zeigen und zu sagen, haben ihn oft daran gehindert, etwas zu tun, was er eigentlich gerne getan haben würde. Kurz vor seinem Tode erzählte er einem Freund: Er habe einen Mann auf dem Bahnkörper der städtischen Verbindungsbahn gehen sehen, wo auch er gern gegangen wäre, wenn ihn nicht eine Warnungstafel zurückgeschreckt, die es verbot, und als er den Fremden gefragt, wie er es wagen könne, habe der ihm erwidert: »Wenn ich so ängstlich wäre wie Sie, hätte mich längst der Teufel geholt.« – »Und mich«, habe er selber dann hinzugefügt, »wenn ich nicht so wäre!«
Nie aber zeigte er sich im Denken ängstlich. Da war er frei und unbeeinflußbar. Schon als Jüngling hat er einen Großen, der in ihm einen gelehrigen Schüler zu haben glaubte, zutiefst enttäuscht, weil er auf eigene Faust weiterdachte ...
Wer war's?

23 *Ein Leben lang ohne Anerkennung*

»Mancher Mensch hat in seiner Seele ein großes Feuer«, schrieb er einmal, »und niemals kommt jemand, sich daran zu erwärmen, und die Vorübergehenden gewahren nur ein klein wenig Rauch oben über dem Schornstein, und sie gehen dann weiter ihres Weges.«

Immer wieder war er enttäuscht worden, wenn er versucht hatte, sich anderen freundschaftlich zu nähern, ihnen etwas zu bedeuten, ihnen vielleicht gar zu helfen. Er war Evangelist geworden, in einem Bergarbeiterrevier, unterrichtete dort Kinder, pflegte Kranke und verschenkte an die Armen das Wenige, das er besaß – Geld, Kleidungsstücke, sogar seine Möbel. Aber was er eigentlich suchte – Kontakt, Verständnis, Gegenliebe –, hat er bei den Bergleuten und ihren Familien nicht gefunden. Überall stieß er auf Ablehnung, weil sie das Evangelium, das er ihnen predigte, nicht hören wollten. Er machte sich ärmer als die Ärmsten, er schwärzte sich das Gesicht, um sich von den Bergarbeitern nicht zu unterscheiden – er blieb dennoch ein Fremder unter ihnen. Nicht nur während seiner Aposteltätigkeit war das so. Sondern während seines ganzen Lebens. Immer und

überall stieß er auf Unverständnis und Mißtrauen.
Das lag nun nicht nur an der Umwelt. Entscheidend war vielmehr, daß er sich trotz seiner Anstrengungen, zu andern Menschen Kontakt zu bekommen, nicht anpassen konnte; letztlich bestand er immer darauf, daß andere sich nach ihm und seinen Anschauungen richteten. Als er – da war er 17 Jahre alt – als Verkäufer in einer Kunstgalerie angestellt war, weigerte er sich, den Kunden Bilder zu empfehlen, die ihm nicht gefielen. Und da er bald gar zu der Auffassung kam, der ganze Kunsthandel sei nichts anderes als eine großangelegte Gaunerei, und seine Meinung auch niemandem verhehlte, wurde er von der Firma entlassen.
Er versuchte es als Hilfslehrer an einer Privatschule, mußte diese Stelle aber nach nur zwei Monaten wieder aufgeben, arbeitete ein paar Monate lang als Hilfsprediger, dann als Handlungsgehilfe in einer Buchhandlung. Nachdem er auch da gescheitert war, entschloß er sich zum Studium der Theologie, um – wie sein Vater – Pfarrer zu werden. Doch schon nach vierzehn Monaten gab er auf, weil ihm die Sache zu akademisch schien. Und nun wurde er – nach Absolvierung eines entsprechenden Kursus – Evangelist. Aber sein apostolischer Eifer fand durchaus nicht die Billigung seiner kirchlichen Vor-

gesetzten, und so wurde ihm nach sechs Monaten die Genehmigung zu seiner Evangelistentätigkeit wieder entzogen.

»Diese Kirchenleute«, schrieb er seinem Bruder, »gehören einer alten akademischen Schule an, die sich oft in widerwärtigen Formen manifestiert ... Sie tragen eine stählerne Rüstung von Vorurteilen und Konventionen mit sich herum.«

Da er sich nach seinem Mißerfolg als Evangelist weigerte, den Gottesdienst zu besuchen, kam es auch mit seinem Vater, der ihn bis dahin – er war jetzt dreißig – finanziell unterstützt hatte, zum endgültigen Bruch. Opposition gegen die Gesellschaft, ein noch immer vorhandener Bekehrungswille und vor allem seine Einsamkeit brachten ihn dahin, daß er eine Prostituierte zu sich nahm. »Die Welt erscheint fröhlicher, wenn man nicht allein ist, wenn man neben sich im Dämmerlicht ein anderes menschliches Wesen spürt«, schrieb er. Und: »Besser ist es, mit einer bösen Dirne zu leben, als allein zu sein.«

Er wollte die Frau, die zwei Kinder hatte, heiraten, ihr zu einem anständigen Leben verhelfen. Aber auch damit ist er gescheitert. Sie kümmerte sich gar nicht um ihn.

Zu jener Zeit aber hatte er endlich seine Begabung und seinen Weg entdeckt. Doch blieben ihm für sein

Werk, das er jetzt in beispielloser Schnelligkeit schuf, nur noch knapp sieben Jahre. Er scheint es geahnt zu haben:

»Was die Lebenszeit angeht, die ich zum Arbeiten noch vor mir habe, so glaube ich ohne Übertreibung sagen zu können, daß mein Körper wahrscheinlich eine bestimmte Anzahl von Jahren auf jeden Fall aushalten wird, sagen wir sechs bis zehn Jahre ... Ich gehe also vorwärts wie ein Unwissender, der nur eines mit Sicherheit weiß: ich muß innerhalb einiger Jahre ein bestimmtes Werk vollbringen ...«

Er hat es vollbracht. Trotz größter Schwierigkeiten. Die wohl schwerste Last war für ihn, daß er keine Anerkennung, keine Bestätigung für die Richtigkeit seines Weges fand. Aber er sah jetzt nicht mehr rechts und links, sondern arbeitete wie ein Besessener. Auch daß er keinerlei finanziellen Gewinn hatte, sondern auf Unterstützung angewiesen war, irritierte ihn nicht mehr. Für sich persönlich brauchte er nur äußerst wenig. Er lebte von Schiffszwieback, Milch, ein paar Eiern und lief wie ein Bettler in zerlumpter Kleidung.

Und dann machte er eines Tages die furchtbare Entdeckung, daß eine entsetzliche Krankheit in ihm war. »Ich weiß nicht, was es ist«, schrieb er, »aber etwas ist in meinem Gehirn nicht in Ordnung.« Auch die Leute merkten es. Sie beschimpften ihn als

Narren, Kinder verfolgten ihn auf der Straße und warfen Steine nach ihm. Und schließlich erreichte man, daß er in eine Anstalt eingeliefert wurde.
Aber auch das konnte ihn von seinem Ziel nicht abbringen. »Wenn ich die Tollwutzelle ertragen soll, warum nicht«, schrieb er; »ich denke daran, einfach voll und ganz die Rolle eines Irren anzunehmen…«
Was er hinterließ, als er im Alter von 37 Jahren seinem Leben selber ein Ende machte, hat heute einen unermeßlichen Wert.

Wer war's?

24 *Prädestiniert für Unfälle*

Wenn es wirklich »Unfall-Typen« gibt, dann war er ein besonders ausgeprägtes Exemplar. Als er mit 14 Jahren Boxunterricht nahm, wurde ihm schon in der ersten Stunde das Nasenbein zertrümmert. Einige Wochen später erlitt er – ebenfalls beim Boxen – eine Augenverletzung, die seine Sehkraft für immer behinderte. Zweimal mußte er mit Verletzungen vom Fußballplatz getragen werden. Einer seiner Bekannten sagte: »Wann immer er sich in einem Sport versucht, bricht etwas an ihm – ein Arm, ein Bein oder sein Kopf.«

Da er sich in vielen Sportarten versuchte, war sein Körper bald mit zahlreichen Narben bedeckt. Von einer Kriegsverwundung abgesehen, nach der ihm aus dem rechten Bein 227 Stahlsplitter entfernt werden mußten, erhielt er Schüsse in beide Füße, in die Knie und in die Hände und trug sechs Schädelverletzungen davon. Die Zahl seiner Gehirnerschütterungen gab er selber mit mindestens zehn an. Irgendwann brach er sechs Rippen. Er überlebte drei schwere Autounfälle und zwei Flugzeugabstürze ...

Kein Wunder, daß er die Welt als etwas Feindliches ansah, als eine Macht, die den Menschen zerbrechen will: »Wenn die Menschen soviel Mut auf die Welt mitbringen, muß die Welt sie töten, um sie zu brechen, und darum tötet sie natürlich. Die Welt zerbricht jeden, und nachher sind viele an den zerbrochenen Stellen stark. Aber die, die nicht brechen wollen, die tötet sie. Sie tötet die sehr Guten und die sehr Feinen und die sehr Mutigen; ohne Unterschied. Wenn du nicht zu diesen gehörst, kannst du sicher sein, daß sie dich auch töten wird, aber sie wird keine besondere Eile haben.«

Getötet zu werden bedeutete ihm nicht dasselbe wie besiegt zu werden. »Ein Mann kann vernichtet, aber nicht besiegt werden«, schrieb er einmal. Er meinte: ein richtiger Mann. Immer wieder ging es ihm um die Darstellung des mutigen, harten, kämpferischen Mannes.

Das brachte ihm zunächst eine ziemlich abwertende Kritik ein. Männlichkeit werde von ihm nur deswegen so übereifrig betont, schrieb ein bekannter Schriftsteller, weil ihm das Vertrauen fehle, selber »ein ganzer Mann« zu sein; deswegen habe er einen literarischen Stil entwickelt, »der sich sozusagen darin gefällt, falsche Haare auf der Brust zu tragen«. Das hat ihn sehr gewurmt, zumal einer seiner Freunde behauptete, mit solcher Kritik werde er als sexuell impotent abgestempelt. Als er dem Kritiker vier Jahre später in einem Verlagshaus begegnete, knöpfte er sein Hemd auf und zeigte ihm, daß seine Brust mit einem dichten schwarzen Haarpelz besetzt war. Dann riß er dem Kritiker das Hemd auf, wobei er mit Genugtuung feststellte, daß dessen Brusthaar weniger üppig gedieh. Und nun kam es zwischen ihnen zu einer heftigen Schlägerei, über deren Verlauf ihre Aussagen später weit auseinander gingen. Er zeigte ein Buch, das er seinem Gegner angeblich so heftig ins Gesicht geschlagen hatte, daß dessen Nase sich blutig darin verewigt habe; der Kritiker erzählte, er habe seinen Gegner – da er nicht über dessen Boxtalente verfüge – im Ringkampf bezwungen. Die anwesenden Verlagsangestellten berichteten lediglich, daß der Boden des Zimmers mit Manuskripten, Mappen und Schreibzeug bedeckt gewesen sei.

Zu jener Zeit war er Mitte 30; ein paar Jahre zuvor hatte er seinen ersten durchbrechenden Erfolg gehabt, der ihn zu Wohlhabenheit und Weltruhm führte. Mit 24 hatte er sein erstes Buch veröffentlicht. Die Auflage hatte 300 Exemplare betragen, und der finanzielle Erfolg war gleich Null gewesen. Die Auflage seines zweiten Buches war noch geringer. Gedruckt wurden 170 Exemplare. Auch sein drittes Buch war noch kein Erfolg: eine Auflage von 1300 Stück konnte nur mit Mühe abgesetzt werden. Es war aber nicht seine Art, sich entmutigen zu lassen. Er machte weiter. Und nachdem er den Durchbruch geschafft hatte, war er in allem, was er schrieb, erfolgreich.

Warum er aber eines Tages, auf der Höhe des Ruhmes, einen Unfall vortäuschend, diese Welt verließ, ist bis heute ein Rätsel.

25 »Viel Satan« mit dem Hausmädchen

Zeitlebens hat ihm sein mißratener Körper zu schaffen gemacht; bucklig, klein, dünnbeinig, mit eingefallenem Brustkorb, zu großem Kopf und riesigen Ohren: »Seine eigene Figur lacht ihn aus«, notierte er als Dreiundzwanzigjähriger über sein Spiegelbild. Seine Gebrechen haben wesentlich dazu beigetragen, daß er – wie man gesagt hat – der »Kolumbus der Hypochondrie« wurde. Doch lernte er auch früh, sich zu verteidigen. Als er wegen seiner großen Ohren verspottet wurde, antwortete er: »Stellen Sie sich nunmehr Ihr Gehirn und meine Ohren vor – das gäbe einen Esel von besonderer Herrlichkeit!«

Vor allem lernte er, die nur äußerliche Schönheit zu durchschauen; oft genug entdeckte er hinter der vollendeten Fassade geistige Krüppelei. Doch war er von Natur aus heiter genug, als daß er etwa bösartig hätte werden können, wenngleich er oft und gerne davon träumte, wie er »diesen oder jenen Menschen ums Leben bringen oder Feuer anlegen könnte, ohne daß es bemerkt würde ...« Immerhin machte sein Mißtrauen selbst vor dem Schöpfer nicht halt. Sein Buckel und soviel anderes Leid brachten ihn zu der Überzeugung, unsere Welt könne nur »das

Werk eines untergeordneten Wesens« sein, das »die Sache noch nicht recht verstand«.
Was immer ihm einfiel an solchen und anderen Gedanken – und er hatte unendlich viele funkelnde Gedankensplitter – hielt er in seinen »Sudelbüchern« fest. Sie begründeten seinen Ruhm in sehr viel stärkerem Maße als die Arbeit in seinem eigentlichen Fach mit Elektrisiermaschinen, Leydener Flaschen, Papierdrachen und Blitzableitern – eine Arbeit, die ihm allerdings nach seinem Tode einen Platz auf dem Mond einbrachte.
Aber berühmt war er auch schon zu Lebzeiten, und zwar weit über die kleine deutsche Universitätsstadt hinaus, wo er als Professor lehrte und es so meisterhaft verstand, dem Auditorium weder den Rücken noch seine Profillinie preiszugeben. Im übrigen tröstete er sich: »Sobald einer ein Gebrechen hat, so hat er seine eigene Meinung«, während die gesunden, gerade gewachsenen Menschen sich alles gefallen ließen.
Er selber blieb immer ein Nonkonformist, auch in seinem Liebesleben. »Ein richtiger Kerl soll nur lernen, sein braunes Mädchen zu genießen wie sein braunes Brot«, schrieb er und gab zu verstehen, daß ihn die »standesgemäßen«, die »gepuderten« Mädchen nicht interessierten. Als fast Vierzigjähriger holte er sich ein erst zwölf Jahre altes Blumenmädchen ins Haus, die Tochter eines armen Leinewebers,

brachte ihr Schreiben, Lesen, Rechnen und ein wenig Französisch bei und liebte sie von Tag zu Tag mehr. Sie sei ein solches Muster an Schönheit und Sanftmut, schrieb er einem Freund, wie er es noch nie gesehen habe. Vor den Blicken seiner Mitbürger scheint er seine »Jungfer Hausfrau« mit Erfolg abgeschirmt zu haben; die Kleine hat seine Wohnung fast nie verlassen. Schon nach zwei Jahren aber nahm dieses seltsame erotische Idyll durch den Tod des Mädchens ein unerwartetes Ende.

Ihr Tod hat ihn tief getroffen. Seine Hypochondrie nahm wieder zu, und mit ihr kamen zahlreiche Beschwerden. Er klagte über rätselhafte Kopfschmerzen im linken Nackenknochen, nahm stark ab, bekam Ohnmachtsanfälle, litt an Asthma. Schließlich hielt er es für besser, wieder jenem »Triebe zu folgen, ohne den die Welt nicht bestehen könnte«. Diesmal nahm er eine dreiundzwanzigjährige Erdbeerverkäuferin zu sich, als »Haushälterin«, was aber die Landesregierung ihm nicht recht glauben wollte und ihm Vorhaltungen machte. Er erwiderte, daß er viel zu häßlich sei, um von einer Frau geliebt werden zu können. Acht Kinder hatte er mit seiner Haushälterin, bis er sie schließlich, als er ernsthaft krank wurde, heiratete.

Es war eine Nottrauung, weil er fürchtete, daß es ans Sterben ging, und weil er Frau und Kinder bürgerlich versorgt wissen wollte. Doch ließ der Tod dem 47jährigen noch fast zehn Jahre. In dieser ganzen Zeit war er bettlägerig und hatte fast immer Schmerzen. Er zog sich mit Schlafrock und Nachtmütze in sein Gartenhäuschen zurück, von wo er seine Freunde in Briefen und seine Frau in Zettelchen über seinen Zustand unterrichtete: »Könnte ich ihn so ganz schildern, wie er ist, ich glaube, meine Freunde selbst würden mir vergeben, was ich bisher non agendo verübt habe...« Doch hat sein Zustand ihn nicht daran gehindert, noch weiterhin für Nachwuchs zu sorgen und über Jahre hin mit einem Hausmädchen ein Verhältnis zu haben und mit ihr noch kurz vor seinem Tode, wie er es nannte, »viel Satan« zu treiben.

An seinem frühen Tod sei er selber schuld gewesen, meinte ein Zeitgenosse in einem Brief an den bedeutendsten Philosophen jenes Jahrhunderts. Denn, so heißt es da, »er führte bei seiner von Natur schwachen körperlichen Konstitution und seiner sitzenden Lebensart ein recht wüstes Leben. Des Morgens stand er spät auf, gleich darauf trank er Kaffee, Spanischbitter und Wein. Zu Mittag ward auch wieder Wein getrunken. Nachmittag wieder Wein und Liqueur, um sich immer munter zum Schreiben zu erhalten...«

Wer war's?

Mennigepulver bestreuten Oberfläche.) Bekannter aber als der Physiker Lichtenberg ist heute der Psychologe und Aphoristiker. Lichtenbergs Aphorismen, die ganz neue Entdeckungen der Seelenkunde darboten, erschienen erst nach seinem Tode. Sie sind voller Skepsis, Witz und Tiefsinn. »Wo Lichtenberg einen Spaß macht, liegt ein Problem verborgen«, sagte Goethe.

In freier Ehe zu leben, war zu jener Zeit nichts durchaus Ungewöhnliches. Viele berühmte Leute taten es. Zum Beispiel Goethe. Ebenso der Magus im Norden, Hamann. Und vor allem ist zu nennen Jean-Jacques Rousseau, der 23 Jahre lang mit einem ehemaligen Wäschemädchen lebte, das nicht lesen und nicht schreiben konnte und mit dem er fünf Kinder hatte, die er alle ins Findelhaus gab.

24

Der Schriftsteller, der in seinem Leben so viele Unfälle erlitt und überlebte, war Ernest Hemingway (1898–1961). Seinen Streit um die Frage, wer die meisten Haare auf der Brust habe, focht er mit dem Schriftsteller Max Eastman aus. Eastman berichtet darüber in seinem Buch »Love and Revolution – My Journey through an Epoch«. Hemingways Tod war zunächst als Folge eines Unfalls dargestellt worden; beim Gewehrreinigen habe sich ein Schuß gelöst. Erst später gab Hemingways Witwe zu, daß es ein Selbstmord war.

25

Der kleine verwachsene Professor für Physik (in Göttingen), der zwei Jahre lang mit einem jungen Blumenmädchen zusammen lebte und dann mit seiner Haushälterin acht Kinder hatte, bevor er sie heiratete, war Georg Christoph Lichtenberg (1742 bis 1799). Als Physikprofessor war er bekannt für seine hervorragenden Experimentalvorlesungen. Er entdeckte die nach ihm benannten Lichtenbergschen Figuren. (Sie entstehen, wenn elektrische Gasentladungen an nichtleitenden Stoffen auftreten, und zwar auf der mit einem Gemisch aus Schwefel- und werpen, ging nach Paris, wo er Gauguin kennenlernte, und übersiedelte 1887 nach Arles.

Dort wollte er ein »Atelier des Südens« ins Leben rufen, dessen Leitung Gauguin übernehmen sollte. Gauguin kam, aber schon bald gab es zwischen ihnen Streit. Als Gauguin sich entschloß, wieder abzureisen, bedrohte van Gogh ihn mit einem Rasiermesser, das er aber plötzlich gegen sich selber richtete und sich ein Ohrläppchen abschnitt. Nachdem er kurze Zeit zwangsweise in einer Anstalt gewesen war, dann aber einen neuen Anfall bekam, begab van Gogh sich freiwillig in die Irrenanstalt von Saint-Rémy-de-Provence. Nach einem Jahr – im Mai 1890 – ließ er sich entlassen, um einen Neuanfang zu wagen, doch nur zwei Monate darauf erschoß er sich. Von seinen vielen Bildern – in Arles hatte er täglich mindestens eines gemalt – wurde zu seinen Lebzeiten nur ein einziges verkauft. Er vermachte sie alle seinem Bruder Theo, der jedoch schon ein halbes Jahr nach ihm starb.

risch interessierten Gesellschaftszirkel, den auch Goethe gern besuchte. Dort lernte Goethe den jungen Schopenhauer kennen. Er interessierte ihn für seine Farbenlehre, hoffte auf seine Mitarbeit und Unterstützung, aber Schopenhauers Arbeit »Über das Sehen und die Farben« war ihm dann doch zu eigenwillig und verdroß ihn.

23

Der Mann, der als Verkäufer in einer Kunstgalerie, als Hilfslehrer und Theologiestudent, als Handlungsgehilfe und schließlich als Evangelist scheiterte, aber dann in wenigen Jahren ein Werk schuf, das ihn unsterblich machte, war der niederländische Maler Vincent van Gogh (1853–1890). Er war fast 30, als er seine Begabung entdeckte. Damals schrieb er seinem Bruder Theo, der ihn bis ans Ende seines Lebens finanziell unterstützte:

»Ich habe die feste Zuversicht, mein Bruder, daß Du in einigen Jahren, vielleicht sogar schon an einem der kommenden Tage, Werke von meiner Hand wirst sehen können, die Dich nach all den Opfern, die Du Dir auferlegt hast, sicherlich befriedigen werden.«

Er nahm Unterricht in Brüssel, Den Haag und Ant-

22

Der Pessimist und mißtrauische Menschenverächter, der so große Furcht vor Krankheiten, Dieben und allem möglichen hatte, war Arthur Schopenhauer (1788 bis 1860), der Begründer des metaphysischen Pessimismus. Der Sohn eines Danziger Kaufmanns, der anfangs noch Kaufmann werden sollte und erst verhältnismäßig spät zu studieren begann, erregte schon mit seiner Dissertation Aufsehen. Als Hochschullehrer in Berlin hatte er keinen Erfolg; er hielt seine Vorlesungen zur selben Tageszeit wie Hegel, und während Hegels Hörsaal überlaufen war, stand Schopenhauer vor leeren Bänken. Nur kurze Zeit blieb Schopenhauer in Berlin. Er siedelte dann nach Frankfurt a. M. über, wo er als Privatgelehrter lebte. Seine Philosophie sah als Wesen und Kern allen Seins den Willen an, einen ziellosen Drang zum Leben. Seine Verneinung, so lehrte Schopenhauer, ist das zu erstrebende Endziel.

Schopenhauers Werk fand erst im letzten Drittel des 19. Jahrhunderts Anerkennung. Nachdem es zunächst eine lebensmüde Weltansicht auslöste, wurde es schließlich durch Nietzsche zur Grundlage einer lebensbejahenden Haltung. Weniger dauernden aber desto größeren Zeiterfolg hatte Schopenhauers Mutter, und zwar als Romanschriftstellerin. Johanna Schopenhauer führte in Weimar einen litera-

21

Der Mann, der sich in eine Tretmühle eingespannt fühlte, war Friedrich der Große. Die Briefe, aus denen zitiert wurde, schrieb er an Voltaire, den ersten an Weihnachten 1740. Eine Woche zuvor war Friedrich mit 40 000 Mann ohne Kriegserklärung in die österreichische Provinz Schlesien eingefallen. Zehn Jahre früher hatte der Wiener Hof sich für den damals 18jährigen preußischen Kronprinzen, der wegen seines Fluchtversuchs vor ein Kriegsgericht gestellt werden sollte, eingesetzt. Zwar glaubte wohl niemand, daß Friedrich Wilhelm I. von Preußen auch seinen Sohn – wie dessen Freund Leutnant Katte – zum Tode verurteilt sehen wollte, doch fürchtete man, daß er ihn von der Thronfolge ausschließen oder auf andere Weise zu hart strafen könne. Kaiser Karl VI. selber bat den Preußenkönig in einem Brief, »Gnade vor Recht ergehen« zu lassen. Als König wurde Friedrich unmittelbar nach dem Tode Karls VI. der schärfste Gegner von dessen Tochter, der 23jährigen Maria Theresia.

weitergegeben, und zwar an Ludwig XV., König von Frankreich. Da es jedoch noch nie eine unverheiratete Mätresse bei Hofe gegeben hatte, war es notwendig, daß Marie Jeanne heiratete. Sie ging eine Scheinehe ein, und zwar mit Dubarrys Bruder Guillome, und wurde auf diese Weise Gräfin Dubarry.

Von 1769 bis zum Tode Ludwigs XV. (1774) lebte sie bei Hofe, dann, unter Ludwig XVI. und Marie Antoinette, wurde sie verbannt und lebte zurückgezogen auf ihrem Besitz Louveciennes. Kaiser Joseph II., der Bruder Marie Antoinettes, hat sie dort einmal besucht, was in weiten Kreisen regelrechte Bestürzung auslöste. Während der Französischen Revolution hat die Dubarry einen großen Teil ihres Vermögens den Royalisten und Emigranten zur Verfügung gestellt. Deswegen und weil sie während ihrer Aufenthalte in England, wo der ihr gestohlene Schmuck wiederaufgetaucht war, ständig mit Emigranten in Kontakt war, wurde ihr der Prozeß gemacht.

maske trug, gab Viktor Mann in seinem Buch »Wir waren fünf«.

20

Die Frau, der man den Kopf ihres Geliebten vor die Füße warf und die schließlich selber enthauptet wurde, war die Gräfin Dubarry (1743–1793), ihr Geliebter war der Herzog von Brissac. Ursprünglich hieß sie Marie Jeanne Bécu und arbeitete als Verkäuferin in einem Pariser Wäscheladen. Mit neunzehn lernte sie den Grafen Jean Dubarry kennen, der dafür bekannt war, hübsche Mädchen ausfindig zu machen und an den Mann zu bringen. In einem Polizeibericht heißt es über ihn: »Wenn er einer Frau müde zu werden beginnt, so verschachert er sie unweigerlich weiter. Doch muß man zugeben, daß er ein Kenner ist und daß seine Ware daher auch reißend abgeht.« Und in jenem anderen Polizeibericht, in dem auch von Marie Jeanne schon die Rede ist, heißt es von ihr, »daß wohl nicht daran zu zweifeln sein dürfte, daß er sie bald, zu seinem persönlichen Vorteil, an jemand anderen weiter geben wird«.

Die Polizei hatte richtig vermutet. Zunächst allerdings blieb Marie Jeanne etwa zwei Jahre im Hause des Marquis Dubarry. Dann wurde sie tatsächlich

Studiert hat Jean Paul in Leipzig; über das dort herrschende Promenadenstutzertum hatte einige Jahre zuvor schon Goethe sich geärgert und lustig gemacht. Eine Zeit lang lebte Jean Paul in Weimar, wo er sich mit Herder befreundete, während er zu Goethe kein so gutes Verhältnis gewann. Seine Eindrücke in Weimar spiegelt der »Titan«, Jean Pauls größter Roman, ein Buch gegen die Titanen, gegen den Geist der Zeit.

19

Der Schriftsteller, dessen Hund gerade zu jener Zeit starb, als er ihn zum Helden einer Erzählung machte – der Erzählung »Herr und Hund« –, war Thomas Mann (1875–1955). Geboren in Lübeck – dort spielt sein erster Roman, »Buddenbrooks«, der ihn schnell berühmt werden ließ –, lebte er von 1893 bis 1933 in München. 1929 erhielt er den Nobelpreis. 1933 kehrte er von einer Auslandsreise nicht mehr ins Hitler-Deutschland zurück, sondern ging in die Schweiz, von wo er fünf Jahre später einem Ruf als Professor an die Princeton-Universität in New Jersey (USA) folgte. Im Jahre 1952 kehrte er in die Schweiz zurück. – Die Darstellung von jenem Faschingsabend, auf dem Thomas Mann eine Kopf-

Orgien stattgefunden haben, von denen noch heute erzählt wird, obwohl wissenschaftlich längst feststeht, daß es sich dabei um Verleumdungen handelte.

18

Der Mann, der sich im Alter von 33 Jahren als meistgelesenen Schriftsteller in Deutschland bezeichnen konnte, war Jean Paul (1763–1825), mit vollem Namen Jean Paul Friedrich Richter. Mit seinem schwärmerisch-idealistischen Werk machte er den Roman zur bevorzugten Form in der deutschen Literatur und sich selber zum Liebling der Damen. Dabei sah er keineswegs besonders gut aus. Schon mit 31 hatte er eine starke Glatze, war aufgedunsen und schwammig und litt an einem starken Zittern der Hände. Um seine Phantasie anzufeuern, trank er schon morgens ziemlich viel Wein oder Bier.

Jean Paul schuf in seinen Romanen, Idyllen und Humoresken (»Die unsichtbare Loge», »Hesperus«, »Leben des Quintus Fixlein«, »Siebenkäs«, »Titan«, »Flegeljahre«, »Schulmeisterlein Wuz«, »Dr. Katzenbergers Badereise« u. a.) den »hohen« Menschen, der fähig ist, die Geringfügigkeit alles irdischen Tuns zu fühlen und sich über die Erde zu erheben, und der die Kunst besitzt, stets fröhlich zu sein.

17

Der Mann, der durch seine angeblichen Orgien berühmt wurde, war Tiberius (42 v. Chr. bis 37 n. Chr.), Stiefsohn und Nachfolger des ersten römischen Kaisers, Augustus. Er und sein jüngerer Bruder Drusus – ihre Mutter war Livia aus dem patrizischen Geschlecht der Claudier – bewährten sich als Heerführer in Gallien und im Alpengebiet. Sie eroberten das Gebiet zwischen Rhein und Oberlauf der Donau. Auf Befehl seines Stiefvaters heiratete der 30jährige Tiberius dessen einzige Tochter Julia, nachdem er sich, ebenfalls auf Befehl, von seiner ersten Frau hatte scheiden lassen müssen. Julia war bereits zweimal verheiratet gewesen. Aus ihrer Ehe mit dem Feldherrn Agrippa hatte sie fünf Kinder. Ganz Rom wunderte sich darüber, daß alle Kinder dem Vater ähnlich sahen, obwohl Julia ihren gut zwanzig Jahre älteren Mann ständig betrog, und als man sie fragte, wie das möglich sei, gab sie die klassisch gewordene Antwort: »Weil ich nur als beladenes Schiff den Fahrgast trage.« Julia betrog auch Tiberius. Die Ehe wurde geschieden, und Julia wurde verbannt, während Tiberius sich nach Rhodos zurückzog. Später, als Princeps, ging Tiberius nach Capri. Und dort, in der berühmten Blauen Grotte und in seinen Palästen, sollen – nach Angaben des römischen Schriftstellers Sueton (etwa 75–150) – jene

Trupp nach Köpenick, besetzte das Köpenicker Rathaus, ließ sich die Stadtkasse (4002,37 Mark) aushändigen, nahm den Bürgermeister von Köpenick fest und ließ ihn zusammen mit dem Rechnungsführer nach Berlin auf die Neue Wache bringen, während er selber – unter Zurücklassung seiner Truppe – heimlich aus Köpenick verschwand. In ganz Deutschland, ja in der ganzen Welt wurde die Köpenickiade belacht. Von der komischen Seite nahm auch Kaiser Wilhelm II. die Sache; er soll Tränen gelacht und gesagt haben: »Das ist Disziplin, das macht uns keiner nach!«

Nach seiner Begnadigung und nachdem der Hauptmann von Köpenick durch seine Tourneen und seinen Postkartenverkauf zu Geld gekommen war, kaufte er sich in Luxemburg ein Haus und lebte dort zehn Jahre lang von seinem Kapital. Acht Jahre nach seinem Tod machte ihn Carl Zuckmayer, der ihn auf einer seiner Schaustellungen noch erlebt hatte, »unsterblich«.

Der geistige Zusammenbruch erfolgte am 3. Januar 1889 in Turin. Danach lebte Nietzsche bis zu seinem Tode (am 25. August 1900 in Weimar) in der Obhut seiner Schwester Elisabeth Förster-Nietzsche. Sie ließ schon bald eine verhängnisvolle Nietzsche-Legende entstehen. Und als Verwalterin und teils auch als Herausgeberin seiner Schriften und Werke hat sie – wie Karl Schlechta nachweisen konnte – einen wesentlichen Teil seines Gedankenguts verfälscht.

16

Der ehemalige Zuchthäusler, der wegen seiner Vergangenheit keine Arbeit fand und aus allen Ländern, Städten und Gemeinden ausgewiesen wurde und deswegen eines Tages »ein Ding drehte«, von dem er leben konnte, war der Schuhmacher Wilhelm Voigt (1849–1922), genannt »Hauptmann von Köpenick«. Am 16. Oktober 1906 hatte er in einer beim Trödler gekauften Uniform eines Hauptmannes vom »Ersten Garde-Regiment zu Fuß« in Berlin auf der Straße vier Gardefüsiliere und sechs Garde-Grenadiere angehalten und unter sein Kommando genommen. Er erklärte ihnen, auf höchsten Befehl einen Sonderauftrag ausführen zu müssen, fuhr mit dem

15

Der Mann, der zum Heiraten zu schüchtern schien und deswegen bei der von ihm geliebten jungen Russin – sie hieß Lou Salomé – seinen Freund vorschickte, war Friedrich Nietzsche (1844–1900). Der Pastorensohn aus Sachsen wurde nach seinem Studium (in Bonn und Leipzig) mit erst 24 Jahren an die Universität Basel berufen (als außerordentlicher Professor der klassischen Philologie), noch bevor er zum Doktor promoviert war. Wegen seiner eigenwilligen Anschauungen, die sich schon in seiner ersten Arbeit (»Die Geburt der Tragödie aus dem Geiste der Musik«) ankündigten, stieß er bei seinen Fachkollegen schon bald auf Ablehnung. Nietzsche wandte sich gegen das Bildungsphilistertum, gegen den Historismus und die Ideologie des Sozialismus, schließlich gegen das Christentum. Gegen alles dies propagierte er einen Egoismus der Kraft. Und in seinem wirksamsten Buch, »Also sprach Zarathustra«, verkündete er das Ideal des Übermenschen.

Über seine Krankheit, die ihn auf der Suche nach einem günstigen Klima oft nach Italien führte, ist viel gerätselt worden. Ob die Paralyse wirklich die Folge einer Geschlechtskrankheit war, die Nietzsche sich als Student zugezogen haben soll, gilt nicht als ganz sicher. Fest steht, daß Nietzsche schon als Kind häufig unter starken Kopf- und Augenschmerzen litt.

die Ehe wurde erst 1806 geschlossen – Schiller peinlich war. Schiller war seit 1790 mit Charlotte von Lengefeld verheiratet, von deren Schwester Caroline er sich ähnlich stark angezogen fühlte, so daß er eine Zeitlang gar an ein Zusammenleben zu dreien dachte.

14

Es war Napoleon Bonaparte (1769–1821), der mit siebzehn an Selbstmord dachte, dann aber bald erkannte, daß »Fressen besser ist als Gefressenwerden«. Den Roman schrieb er im Jahre 1794, nachdem er sich bereits als Offizier ausgezeichnet hatte (und zwar Ende 1793 bei der Belagerung von Toulon). Die Entscheidung des jungen Napoleon, sich auf die Seite der Mächtigen zu stellen, veranlaßte seinen damals 17-jährigen Bruder Lucien zu folgendem Urteil über ihn (in einem Brief an Joseph Bonaparte): »Die verhaßtesten Männer in der Geschichte sind die, die nach dem Winde segeln ... Der nackte Eigennutz, der Napoleons Sinn beherrscht, war mir nie ein Geheimnis ... Napoleon scheint mir alle Voraussetzungen für einen Tyrannen zu besitzen, und ich bin überzeugt davon, daß er einer wäre, falls er König würde, und daß sich die Nachwelt seines Namens nur mit Schaudern zu erinnern wüßte.«

auch des letzten Schimmers von Aristokratismus« forderte, war er keineswegs für die Abschaffung des Königtums; »wir dürfen nur fordern«, schrieb er, »daß der König der erste und allerechteste Republikaner sein sollte«. Nach dem Zusammenbruch des Maiaufstands mußte Wagner, steckbrieflich verfolgt, fliehen. Bis 1858 lebte er in Zürich, dann in Venedig, Luzern, Brüssel, Paris, Wien. 1864 wurde er von dem jungen König Ludwig II. von Bayern nach München berufen. 1872 siedelte er nach Bayreuth über, wo vier Jahre später sein Festspielhaus mit der Erstaufführung des »Rings des Nibelungen« in Anwesenheit Kaiser Wilhelms I. eröffnet wurde.

13

Es war Friedrich Schiller (1759–1805), der nach dem Besuch der militärisch geleiteten Karlsschule und dem überwältigenden Erfolg seiner »Räuber« von Stuttgart nach Mannheim geflohen war und dann für lange Zeit in einer finanziellen Misere steckte. Der andere, von dem er einmal meinte, daß die Menschen »ein solches Wesen ... nicht um sich herum aufkommen lassen« sollten, war Goethe, dessen Zusammenleben mit Christiane Vulpius – seit 1788;

11

Der Mann, der mit 84 zum drittenmal heiratete und als einer der größten Frauenhelden galt, war Louis François Armand Herzog von Richelieu (1696 bis 1788). Der Urgroßneffe des berühmten Kardinals Richelieu war Diplomat und Offizier und wurde schließlich Marschall von Frankreich. Als Lebemann erfreute er sich des Rufes, die Hälfte aller Männer von vornehmem Stande in ganz Frankreich zum Hahnrei gemacht zu haben.

12

Der Mann, der »die Gewalt der Mächtigen zerbrechen« wollte und für dieses Ziel auf die Barrikaden ging – und zwar im Mai 1849 in Dresden –, war Richard Wagner (1813–1883). Als er sich an dem Dresdner Aufstand beteiligte, war Wagner seit sechs Jahren Königlich Sächsischer Hofkapellmeister; er stand kurz vor Vollendung seines 36. Lebensjahres und hatte die Opern »Rienzi«, »Der fliegende Holländer« (inspiriert durch seine abenteuerliche Flucht von Riga in einem Segelschiff) und »Tannhäuser« geschaffen und zur Aufführung gebracht und arbeitete an der Vollendung des »Lohengrin«. Obgleich Wagner die Republik wollte und »den Untergang

10

Der Mann, der nicht immer nur »Täubchen« sein wollte, das heißt, der nicht genug davon hatte, Liebhaber einer mächtigen Frau zu sein, war Fürst Grigorij Alexandrowitsch Potemkin (1739–1791). Seit 1774 war er Günstling Katharinas II. von Rußland. Einige Historiker sind der Meinung, daß die Kaiserin und Potemkin Ende 1774 heimlich geheiratet haben. In Briefen hat Katharina ihn manchmal als ihren Ehegemahl und ihren Gatten und sich selber als sein Eheweib bezeichnet. Potemkin war Oberbefehlshaber der Armee, Großadmiral des Schwarzen Meeres und General-Gouverneur der südlichen Provinzen. 1783 unterwarf er die Krim. Er gründete unter anderem die Städte Sewastopol, Jekaterinoslaw (heute Dnjepropetrowsk), Nikolajew, Cherson.

In einer in den Jahren 1798–1799 erschienenen Artikelreihe wurde Potemkin als Betrüger dargestellt; er habe, hieß es dort, in aller Eile Scheindörfer errichten lassen, um der Kaiserin auf ihrer Besichtigungsfahrt einen blühenden Zustand des Landes vorzutäuschen. Diese Lüge von den »Potemkinschen Dörfern« hat sich bis heute gehalten.

9

Der Mann, der in seinem Leben Milliarden verschenkt hat und der seinen Namen – die Deutung ist umstritten – auf das karthargische Wort für Elefant zurückführte, war Gajus Julius Cäsar (100–44 v. Chr.). Der berühmte Feldherr und Staatsmann, der das römische Weltreich grundlegend neu ordnete, schließlich aber, als er die Diktatur auf Lebenszeit annahm, die republikanische Staatsform ernsthaft gefährdete, gehörte zur Sippe der Julier. Dieses alte Adelsgeschlecht führte seinen Stammbaum auf Äneas zurück, den Sohn der griechischen Göttin Aphrodite, die bei den Römern Venus hieß. Nachfolger des sagenhaften Äneas, der bei der Zerstörung Trojas, seiner Heimatstadt, entkommen und nach Italien gelangt war, galten al. Gründer Roms. Cäsar hat in öffentlichen Reden mehrmals auf seine Abkunft von der Liebesgöttin hingewiesen; auch trug er einen Siegelring mit dem Bild einer Venus in Waffen. – Seine berühmteste Geliebte, der ein Buch über Schönheitspflege zugeschrieben wird, war die ägyptische Königin Kleopatra. Sie lebte in Rom, als Cäsar an den Iden des März 44 v. Chr. das Opfer einer Verschwörung von Brutus und Cassius wurde. Ob Cäsar der Vater von Kleopatras Sohn Cäsarion war, der später auf Befehl von Cäsars Neffen und Erben Octavian, dem späteren Kaiser Augustus, umgebracht wurde, ist zweifelhaft.

überliefert hat. Goethes Prophezeiung, die Ausgaben für Tabak könnten in Deutschland von 25 Millionen Talern bald auf 60 Millionen steigen, wurden sehr schnell wahr. Heute werden in der Bundesrepublik jährlich nur für Zigaretten gut neun Milliarden Mark ausgegeben. – Die leidenschaftliche Kaffeetrinkerin, die von Goethe vor zu vielem Kaffeetrinken gewarnt wurde, war Frau von Stein. Zwischen ihr und Goethe kam es zum Bruch, als der 38jährige die 23 Jahre alte Christiane Vulpius kennenlernte (1788) und zu sich ins Haus nahm. Aus dieser Verbindung stammt August Goethe; vier weitere Kinder wurden tot geboren, beziehungsweise starben kurz nach der Geburt. 1806 hat Goethe Christiane geheiratet. Erst da fand sie, die fast 18 Jahre mit Goethe gelebt hatte (aber wenn Gäste kamen, nicht mit am Tisch aß), in der Weimarer Gesellschaft Anerkennung. Die erste Dame, zu der sie kommen durfte, war Johanna Schopenhauer (die Mutter Arthur Schopenhauers), die in Weimar einen literarischen Zirkel führte. Sie sagte, wenn Goethe der Frau seinen Namen gebe, so könne man ihr wohl eine Tasse Tee reichen.

dieser Ehe kamen zwei Kinder, Eugen, der spätere Herzog von Leuchtenberg, und Hortense, spätere Königin von Holland. Alexandre, der es während der Französischen Revolution zum General brachte, wurde 1794 hingerichtet. Seine Frau kam aus dem Gefängnis frei und freundete sich mit Barras an, dem Präsidenten des Konvents, der Bonaparte den Oberbefehl in Italien verschaffte und schließlich die Ehe zwischen Bonaparte und Josephine vermittelte. Napoleon machte Josephine zur Kaiserin, ließ sich aber von ihr scheiden, weil der ersehnte Nachfolger ausblieb. Josephines Sohn Eugen heiratete Auguste von Bayern; sechs Kinder aus dieser Ehe heirateten in die königlichen Häuser von Schweden, Preußen, Rußland, Brasilien, Württemberg und Portugal. Ihre Tochter Hortense heiratete Napoleons Bruder Louis; einer der drei Söhne wurde als Napoleon III. 1852 Kaiser der Franzosen.

8

Der Mann, der sich so scharf gegen das Rauchen aussprach, war Johann Wolfgang von Goethe. (1749–1832). Seine Äußerungen machte er gegenüber Major von Knebel, dem Prinzenerzieher am Weimarer Hof, der sie

6 *Der Mann, der sich durch den Lärm seiner Kinder nicht stören ließ, war Johann Sebastian Bach (1685–1750). Seine erste musikalische Ausbildung erhielt Bach, der seine Eltern früh verlor, bei seinem Bruder Johann Christoph. Seit 1700 war er Schüler der Michaelisschule in Lüneburg, 1703 wurde er Geiger in der Weimarer Hofkapelle und ging noch im selben Jahr als Organist nach Arnstadt. 1707 wurde er Organist in Mühlhausen, 1708 Hoforganist in Weimar, 1714 Hofkonzertmeister in Küthen, dann wurde er Thomaskantor und Musikdirektor in Leipzig und behielt diese Stelle bis zu seinem Tode. Von seinen 20 Kindern – sieben aus der Ehe mit seiner Base Maria Barbara, 13 aus der Ehe mit Anna Magdalena Wilke – haben nur fünf Söhne und vier Töchter den Vater überlebt.*

7 *Die Frau, die mit ihrer Liebe zu Blumen die Gärten Europas blühender machte, war Josephine, die erste Frau Napoleons I. (1763–1814). Geboren und aufgewachsen auf der Insel Martinique, wo ihre Eltern eine Plantage besaßen, kam sie mit 16 nach Paris, wo sie den Offizier Alexandre de Beauharnais heiratete. Aus*

Solferino (1859) das Leiden vieler tausend Verwundeter mit angesehen und hatte noch auf dem Schlachtfeld Hilfe organisiert. Nach Solferino war Dunant gekommen, um Napoleon III. zu sprechen; er wollte ihn für seine algerischen Unternehmen interessieren. Fast dreihundert Menschen brachte der junge Kaufmann, der eine starke Überzeugungskraft besaß, zusammen, und diese Schar von Helfern, die bei Solferino die Verwundeten versorgte, war die erste freiwillige Mannschaft des werdenden Roten Kreuzes. Wenig später schrieb Dunant ein Buch, »Erinnerungen an Solferino« (1862), das er an die regierenden Fürsten Europas schickte. Sein Vorschlag, Gefangene, Verwundete, Waffenlose nicht mehr als Kriegsfeinde zu behandeln, setzte sich in der ganzen Welt rasch durch. Schon 1864 kam es zur Genfer Konvention und zur Gründung des Roten Kreuzes. Im Jahre 1901 erhielt Dunant (zusammen mit dem Franzosen Frédéric Passy) den Friedenspreis. Das Geld vermachte er wohltätigen Vereinigungen.

senschaften mit dem Recht, Vorlesungen an der Universität zu halten, und als Direktor des Kaiser-Wilhelm-Instituts für Physik.

Schon in seiner Berner Zeit hatte er die Relativitätstheorie begründet, die er dann immer weiter ausbaute. Für seine Beiträge zur Quantentheorie erhielt Einstein 1921 den Nobelpreis für Physik. Im Jahre 1933, nachdem er wegen seiner jüdischen Abkunft Schwierigkeiten hatte und seines Lebens in Berlin nicht mehr sicher war, verzichtete er auf seine akademischen Ämter in Deutschland. In den USA fand er am Institut for Advanced Studies in Princeton eine neue Wirkungsstätte. In Princeton lebte auch Thomas Mann mit seiner Familie.

5

Der Mann, der auf einem Kongreß – 1872 in Plymouth, über das Thema »Internationale Schiedsgerichte« – vor Hunger zusammenbrach, war Henri Dunant (1828 bis 1910), der Gründer des Roten Kreuzes. Der Schweizer Kaufmann, der als junger Mann im französischen Algerien ein großes, risikoreiches Unternehmen auf die Beine gebracht hatte – er machte dort Wüstengelände nutzbar und baute Getreidemühlen –, hatte als Augenzeuge der Schlacht von wegen dieses »zweitbesten Bettes« ist über Shakespeares Testament viel gerätselt worden, ohne daß man zu einer wirklich überzeugenden Erklärung dieser Verfügung gekommen wäre. Doch hat Shakespeare ja, was seinen Lebenslauf angeht, ohnehin mehr Rätsel als Fakten hinterlassen. – Die hier gebrachten Zitate stammen (in der gegebenen Reihenfolge) aus »Titus Andronicus«, »Hamlet« und »Maß für Maß«.

4

Der berühmte Pazifist, der am liebsten in Pullovern und Korkenzieherhosen ging und ein Leben der Einfachheit führen wollte, war der Physiker Albert Einstein (1879–1955). Geboren in Ulm und aufgewachsen in München, kam er als 15jähriger in die Schweiz. Dort wurde er nach seinem Studium »Technischer Experte dritter Klasse« des Berner Patentamts und veröffentlichte als 26jähriger drei aufsehenerregende Arbeiten. Mit 30 wurde er als Professor an die Universität Zürich berufen. Zwei Jahre später ging er nach Prag, 1921 wieder nach Zürich, und zwar an die Eidgenössische TH. Ein Jahr darauf erhielt er einen Ruf nach Berlin als ordentliches hauptamtliches Mitglied der Preußischen Akademie der Wis-

2 *Die Frau, die so gerne männliche Kleidung trug, war Christine, Königin von Schweden (1626–1689), Tochter Gustavs II. Adolf, der in der Schlacht bei Lützen fiel, als Christine sechs Jahre alt war. 1644 übernahm Christine die Regierung. Schon bald plante sie ihren Übertritt zum Katholizismus. Öffentlich erfolgte er 1655 in Innsbruck, nachdem sie 1654 den Thron zugunsten ihres Vetters Karl Gustav von Pfalz-Zweibrücken entsagt und Schweden verlassen hatte. Auch nach ihrer Thronentsagung war Christine, die schon bald in Geldschwierigkeiten geriet, politisch tätig. So bemühte sie sich zum Beispiel eine Zeitlang um die Krone Polens. Die letzten Jahrzehnte ihres Lebens verbrachte sie in Rom, wo sie kostbare Sammlungen von Handschriften, Münzen und Gemälden zusammenbrachte und auch archäologisch tätig war.*

3 *Der Mann, der so sehr darauf bedacht war, sein Geld gut anzulegen, und – als er im Alter von 52 Jahren ein nicht unbeträchtliches Vermögen hinterließ – seiner Frau lediglich »das zweitbeste Bett« vermachte, war William Shakespeare (1564–1616). Gerade*

1

Die »Mischung von Heros und Heulhuber« war Fürst Otto von Bismarck (1815 bis 1898), der Gründer des Deutschen Reichs von 1871, der »eiserne Kanzler«, der in Wahrheit durchaus nicht immer so eisern war. Theodor Fontane schrieb in einem Brief (vom 1. April 1895 an Martha Fontane): »Diese Mischung von Übermensch und Schlauberger, von Staatengründer und Pferdestall-Steuerverweigerer (er glaubte, die Stadt Berlin wolle ihn zugleich ärgern und bemogeln), von Heros und Heulhuber, der nie ein Wässerchen getrübt hat ..., läßt eine reine, helle Bewunderung in mir nicht aufkommen.«

In der Forschung hat sich das Bismarckbild im Laufe der letzten fünfzig Jahre von einem einst in Bewunderung oder Ablehnung vereinfachten zu einem differenzierten Porträt gewandelt. Bismarcks Entlassung war vor allem durch seine innenpolitischen Mißerfolge bedingt. Bismarck war überzeugt, daß Politik eine nicht lehrbare Kunst sei; so hat er es unterlassen, seine Parlamentarier und überhaupt das Volk politisch zu erziehen und sich einen Nachfolger heranzubilden.

Es war . . .

Tratschke fragt:

Wer war's?

Geschichtsrätsel mit ihren Antworten aus der ZEIT

Hoffmann und Campe

Erste Folge

1781